民法の散歩道

民法の散歩道

森泉　章

信山社

はしがき

わたくしの研究歴は、一九五一年に東北大学法学部助手になって以来、昨年四月、関東学院大学法科大学院教授に着任したので五四年間になる。本年九月には喜寿を迎えた。この間、振り返ってみると、そうたいした業績を残したわけではないが、書いたものにもそれぞれ思い出がある。「さまざまなこと思い出す古き本哉」である。

本書には、「民法の散歩道」と随筆ふうの題名を付したが、その内容は、殆んどが学生への講義・法律雑誌等の巻頭言として寄稿した法律評論、随想に近いものである。法律家の文章は小説家とちがって文章は堅く、回わりくどく読みにくいといわれている。人によってはどうも随筆は合わないようである。わたくしは恩師の中川善之助先生のように、簡にして要、やわらかい滑らかな文章を書く文才が未熟なので、努力を重さねるほかないと思っている。

本書について、随筆集にするのは気まずいし末弘厳太郎先生の名著「民法雑記帳」の書名を拝借しようかとも思ったが、幾代通先生がいわれるように、おそれ多くて（幾代・民法研究ノート、有斐閣）つけることができなかった。本書は、随筆ふうの書名だが、民法評論、随想に近いものとしてお読みいただければ仕合せである。

はしがき

本書は三部作より成る。第一部　民法の「学舎」への道、第二部　師恩の道　友誼の道、第三部　民法　寄り道　回り道である。

第一部では、わたくしが学問の道をいかに歩み、いかに学んだか、さらに、学生諸君はいかに生き、いかに学ぶべきかなど、わたくしの体験からして、広く学生諸君の人生・学問の道標《みちしるべ》として書かれたものである。

わたくしは、「公益法人の研究」をテーマに、これをライフワークとして励んできた。第一部での「公益法人制度の現況と課題」はこの研究の総括ともいえる。

芭蕉の「不易流行」の言葉を心に刻み込み、「不変の真理」は促成栽培からは生まれてこず、道一筋によって求められるものであると。「不易流行」は、平たくいえば、時代を超えた感銘を与えるものがある。「漁夫生涯竹一竿」（本書一〇五頁）の言葉と相通ずるものがある。こんな学ぶべき道を学生に語りたかった。

※　フィレンツェに　雪降り想う　芭蕉の句　（敏子）

第二部　師恩の道　友誼の道　多くの畏敬してやまない恩師は、想い出だけを残されて、黄泉の国へ旅立たれ、この世にはいない。恩師中川先生には長い間御教示あずかった。斉藤秀夫先生には、私法合同研究室以来、公私にわたり御教導あずかった。師恩に厚く感謝したい。

四宮和夫先生には、信託法学会設立準備期から、先生が御他界されるまで、信託法に関し御教示あずかった。これが契機で、わたくしはイギリス信託法、とくにメイトランド（F. W. Maitland〈1850～1906〉）の信託理論に関心をもち研究に励んだ。しかし、問題領域が広く、わたくしは、若い学究と共同研究することにし、手始めにメイトランドの「信託と法人」（Trust and Corporation）を翻訳することにした。翻訳をとおし、学問の上で、碩学メイトランドの信託理論に接しえたのはラッキーであった。わたくしたちは、難解といわれたメイトランドの文体にも慣れ、一〇数年の間に、「信託と法人」（日本評論社、昭六三年）をはじめ、イギリス信託法原理の研究（学陽書房、平四年）「イングランド法史概説（学陽書房、平四年）」、「団体法論序説」（日本評論社、平七年〈監訳〉）等の著書、翻訳書を公刊した。四宮先生の師恩を受けたことが大であったと思う。

友誼の道について移ろう。友人は多々、多いが、若き日、机を並べ競いあって勉強した東北大学私法合同研究室同人について語りたい。民商法同人一〇名ほどいたが、現在平穏無事、健康で暮らしているのは、相原東孝、阿部浩二、泉久雄、小林三衛、佐藤隆夫の諸教授である。他の研究室同人（本間輝雄、菅原菊志、加藤永一、槙悌次の諸教授）は他界された。御冥福を祈るのみである。判例研究会、民商法合同研究会のことなど想起され懐古の情も一入である。朋友への若き時代の想い出は尽きない。

第三部　民法　寄り道　回り道　ここで扱ったものは、前述したように、出版社等に依頼され法律雑誌等巻頭言として寄稿したものがいくつかある。随筆というより、随想、法律評論に近い。

多くが執筆当時における今日的な法律問題を扱ったものである。

わたくしの荻窪の佗住いの近くに善福寺川が流れている。昔時から洪水が多いのでも知られている川である。この川の畔に咲く桜の花は、百花繚乱、見事である。川の畔で「桜狩り」を愛でていると、ふと小道の垣間から美しい遅咲きの梅の花や山吹きの黄色の花が咲き乱れているのを見る。ちょっと立ち寄って見ようかと思う。寄り道、回り道も散歩の楽しさである。民法学の世界にも、寄り道、回り道がある。三部での作品は、右のような軽い気分で御覧いただければ仕合せである。

閑話休題

わたくしは、平成八年三月に青山学院大学を定年退職をした。他大学への就職も決まっていた。以前に、わたくしが、小林元治弁護士と貸金業規制法の共著を書いた時に、弁護士登録は小林事務所でする約束をした。小林弁護士はわたくしを暖く迎えてくれた。爾来、のんびり弁護士生活を送っているが、小林弁護士のお蔭と感謝している。わたくしが弁護士になって、事務所の一員として初めて口頭弁論で法廷に立ったのは最高裁判所であった。準消費貸借における超過利息の元本充当可否の問題だったと思うが、平成一一年一二月一四日勝訴判決を得た（原判決破棄差戻し）。弁護士冥利に尽きるが、弁護士の責任の重みと、高利から借主を護ったという人知れぬ喜びを感じた。

もう一つ裁判所に関してであるが、わたくしは、東京地方裁判所民事調停委員を一九六九年（昭四四年）から二〇〇二年三月（平一四年三月）まで三三年間勤めた。時流を反映したさまざまな多くの事件を扱った。扱った調停事件でいまでも忘れ難きものがある。こんなこともあって、わたくしは、平成一三年一〇月（二〇〇一年）に、ご褒美として最高裁長官賞を受賞した。それはともかく、その当時から、時勢の不況が反映してか建築請負契約事件が圧倒的に多い（第二部最近の建築請負民事調停事件瞥見本書九四頁参照）。請負事件のように多様化する紛争は裁判だけで解決できるものではなく、裁判外の紛争解決の手法を考えざるをえないであろう。今後の課題である。

ところで、東京地裁民事調停委員を長くしていると、裁判官、調停委員、書記官などの諸氏と調停事件を通して、個人的なお付き合いすることがある。合縁奇縁、気の合った七人が「七人の会」を結成し、後に「森と泉の会」という親睦団体の誕生をみる。メンバーは、田中信義（裁判官）、林郁男（一級建築士）、伊藤正一（一級建築士）、押川昭（国際事務所長）、平松宏子（不動産鑑定士）、鈴木敏子（元書記官）の諸氏と森泉章である。こんなご好誼から、林さんは本書の表紙絵を画いて下さり、平松さんと鈴木さんは本書に因んで俳句を一句詠んでくれた。厚く御礼申上げます。

本書を公刊するにあっては、かつて駿河台大学の同僚、立教大学名誉教授池田政章先生は、本書の推薦の労をとって下さった。信山社編集部の渡辺左近氏は、本書の刊行を積極的に推進下さった。両氏のお力添えがなければ本書は陽の目をみることがなかったに違いない。両氏に厚く御礼申上げる次第である。

喜寿を迎えるに際し、妻正子は長年の間、内助を惜しみなく尽してくれた。深く感謝したい。

千曲川　かなたにおきて　新酒酌む（宏子）

二〇〇五年一一月三日

南荻窪図書館にて

森泉　章

目次

第一部　民法「学び舎」への道

――学生とともに――

1　公益法人制度の現況と課題

一　はじめに――民法四五年有余、法人論とともに

それではこれから最終講義を始めます。私が、青山学院に昭和四二年に着任して講義を始めましてから、約三〇年になりますが、今日が最終講義であります。汗を拭きながらします講義も今日が最終となります。今日教室をずっと見渡しますと、ゼミのＯＢの諸君が遠くから来てくださいまして、たいへん嬉しく、また感慨無量であります。ところで、今日最終講義におきまして、法人に関する問題を取り上げましたのは、私は、法人論をですね、昭和二六年に東北大学の助手時代から今日に至るまでやってきたので、これを取り上げたわけでありますが、他方、現在、この公益法人のあり方につきまして今日的な問題としてずいぶん論議されていますので、こういう問題もお話しをしたかったからであります。そこで本題にはいる前に私がなぜ法人論を選んだのか、そしてまた私が現時点において法人とは何であるかと理解している点を簡単にお話ししてそれから課題の方にはいっていきたいと思

います。

私が法人論を選びましたのは、法人や、私が団体に対して興味を持ったからではなくて、確か私が助手の頃ですか、川島武宣先生の「所有権法の理論」の本を見ましたら、現在の民法学の最大の課題は法人論と占有論であるといったようなことが書いてありましたので、これに刺激されて、当時錚錚たる川島先生（川島武宣〈一九〇九〜一九九二〉、民法学の法社会学の権威）、がいわれているならば、私はその団体法ないし法人論に、挑戦してみようと思ったことと、何となく団体法といいますとスケールが大きく、私自身も気持ちが大きくなってきますので、よぉしと決断し、私も若気の至りでしょうか「盲蛇におじず」でこの法人論を選んだわけであります。ところが、法人論を選ぶにしましても、指導教授が中川善之助先生〈一八九七〜一九七五〉で、家族法の権威であります。門下生は俊秀が多く、同門の多くが家族法のために勉強をしているのに、私だけがこんな団体法を選んでいいのかと不遜のように思ったりもしたものです。一応中川先生のところに、法人論を研究したいと相談に参りましたら、中川先生がまあいいだろうということで、私は、これに挑戦することになったわけであります。中川先生の門下生は、もうみんな優秀で私は末席を汚していました。こういう経緯があって、私は、法人論というテーマに取り組んでいくようになったわけですけれども、いざその勉強を始めてみますと、問題が大きくてまた、非常に奥が深くて、「えらいテーマを選んでしまったわい」と悔みましても、今さら後にも引けず、そこで少し頭を働かせまして、戦線を縮小しようかと思いまして、私は権利能力なき社団というテーマに変えようと思ったわけであります。

そこで、権利能力なき社団というのは、町内会とか、婦人会、同窓会、PTAなど、さらに今日のボランティア団体が、これにあたるわけですけれども、この団体を社団法人と対比しながら、法人を裏側から見てみようと思ったわけであります。ところが、後で分かったわけでありますが、この権利能力なき社団論というテーマも法人格付与の問題とか、あるいはこの社団と組合との違いとか、さらに、法人と信託とか、その周辺から派生してくる問題が非常に多いんです。ですから結局は実質的には法人論をやるようなかたちになってしまうわけであります。テーマを変更し、権利能力なき社団なんというのを選んで、中川先生から叱られやしないかと思ったりしましたが、一応ご相談しなければいけないだろうと思って、私はまたおそるおそる、中川先生のもとにいったわけであります。その当時、昭和二〇年代ですから、家族法が大改正された頃ですから、中川先生は家族法の講演やら、農家相続の実態調査の責任者をされておりまして、まさに八面六臂のご多忙であって、そのさなかでありましたから、私が、「先生、実はあの、法人論をするなんていいましたけれどもテーマを権利能力なき社団論に変えたい」申しましたら、「まあよかろう」ということでお許しを得て安堵したことを覚えています。あとになってこの権利能力なき社団論が、私の学位論文となったわけであります。

ところがこの団体論をテーマにしたということにつきましては、後日談があります。それは私が教授になってからでございますが、我妻栄先生〈一八九七〜一九七三年〉、民法学の権威）から昭和四八、九年ですか、民法の法人の規定を改正する仕事にかりだされ法制審議会の幹事をやれといわれまして、幹事になったことがあります。けれども、私たちの若い時代にありましても、中川先生や我妻先生は学界では雲の上の人でした。我妻先生と民法の法人改正の問題をやることは大仕事で、大変光栄に思う反面、自分にはたしてできるのか自信がぐらつき、不安でした。我妻先生とは二、三年ですがまさに膝を交えるような形での法人部会において法人の改正問題について勉強をしてきました。これからは、少し余談に移ります。我妻先生のことは学生諸君も知っていると思いますが、文化勲章をもらった日本の大民法学者であります。我妻先生から、休憩時間の審議会の席で、「やはり中川君は偉いねえ、法人のテーマを君に与えるんだから」なんてお褒めに預かって、私は嬉しいような恥かしいような気がしましたが、たいへん面目を施したわけであります。私は、学問の道を選びましたけれども、学生時代には、我妻・中川先生なんていったらもう神様みたいな雲の上の方ですから、こういう二人の大先生のご指導のもとで法人をできたということは、ほんとに私は今でも無上の喜びに感じておるわけであります。いま我妻先生が話題となっていますので、仄聞したことですが（舟橋淳一先生からだと思います）、我妻先生の若い頃の話を申し上げます。我妻先生と私の恩師にあたる中川先生は、東大の研究室に助手として残られたのが、だいあい同じ時期なんです。両先生は同時期に同じ大学の研究室で勉強されたのです。仄聞ですが、なんせ我妻先生はものすごく頭もすごいんですけど、非常に法律の勉強好きでもって、夜は九時に寝て、朝五時に起きて勉強したというくらいの先生です。そういった頭も良くてできる先生があれだけ勉強されればこっちはいくら勉強したって差は縮まるどころか広がる一方であります。その我妻先生がですね、助手時代に、研究室で、あまり勉強されるものですから、我妻さんには「法人」という綽名があったそうです。中川先生のほうは、民謡がうまいし、唄も非常にお上手なんですね。またスポーツも何でもやる。中川先生は、多才、多趣味の先生でした。だから、中川先生は「自然人」だといわれたそうです。それでは一体おまえはなんだ、ということになりますが、私は自然人にしてかつ普通人であります。

ところで私がこのようなことを申しましたのは、青山の法学部の先生方はだいたい法人型が多いですね。先生方は非常に勉強家が多いのです。なかでも、ここに見えておられる半田教授、たいへんな勉強家で、朝から晩まで民法と著作権法の勉強ばかりやってますから、まああえて法人にたとえて言えば、典型の民法法人といったニックネームをやってもいいかと思います。それからまたですね、先般、早稲田大学にかわりました棚村政行君は、私が非常勤講師をしていた早稲田の大学院の修士課程で教えた学生なんですが、こちらへ来まして家族法をやってくれたんですが、彼もまた、非常に勉強家で、家にも子どもさんがいるせいもありますが、日曜日や祭日に来てまで研究室で勉強をやっております。だから彼も法人型なんですけれど、最近は非常に宗教法に首を突っ込んじゃったものですから、彼は宗教法人と呼んでおきましょう。青山でもう一人民法でもって欠かせない教授がおられます。そこにいる山崎敏彦教授なんですが、非常に勉強家でもって、彼もまた法人型の先生なんですが、彼はあんまり勉強しすぎて、ときには理論に走りすぎる嫌いがあります。それはそれでよいのですが、時には理論や結論が二つあったりして、判断に苦しむことがあります。ちょっと変わったところもありますから、法人型から言ってみれば特殊法人といえましょう。彼が非常に優れた立派な教師であることには疑問をはさむ余地はありません。私は、いまあげました民法の三教授を同僚として久しく勉強してきたことは、非常に幸せであったと思っています。三人が勉強するから私も刺激されて勉強するわけですから、交遊の上でも、学問の上でも、大変幸せだったと思っております。この場を借りて、三教授に厚くお礼を申し上げたいと思います。ここで、話は戻りますけれども、約四〇数年間にわたって法人研究を続けてきまして、みなさん方の手元に、私の法人に関する著作目録がありますけれどもこれが私の団体・法人に関する著作の全部であります。まあ大したものはありませんですけれども、私が一所懸命やってきたものであります。御笑覧いただければ幸いです。

それでは、現時点において、私が法人についてどう考えているのかお話ししたいと思います。擬制説とかあるいは法人否認説とか法人実在説といったような法人学説は避けまして、法人とはなにかという、まあ私が考えておる法人とはなにかについて簡単に申し上げておきたいと思っております。

法人とは何か。例えばですね、諸君たちがサークル活動をやろうと言って五〇人集まって団体をつくると、団体活動を行っていくためには、人だけ集まったって団体活動ができるわけではありません。そのためには財産がいります。そこで全員でもって、財産を拠出したり、お金を捻出し出し合います。

そうしますとその財産は、構成員の個人の財産とは分別管理されて、団体に帰属する財産となります。そこで、団体がいわゆる権利義務の主体性を持っておりませんと、団体に帰属することは分かるけれども帰属点がないものですから、法律的には財産は全構成員の共有財産となります。共有とされますと例えばそのうちの構成員の一人が、個人的な借金をしてしまうと、その個人債権者は、債権を回収するためにその構成員の持分を差し押さえてきます。また、その代表者の個人名義にしておきましても、この代表者が個人的に借金をしますと、この債権者は、代表者名義の財産を差し押えてくることでしょう。そこで、この個人構成員の個人財産とそれから団体財産というものを分別するために、団体について別な帰属点というものを設けておいた方がいいのではないか、これがつまり法人格付与という技術に結びついてくるわけです。法人となりますと、従って従来、共有だの共有財産であるとされているものがつまり法人という一つの法主体に帰属し、共有という法律関係が非常に単純化、明確化してきます。こういうことで、私は、この法人というものは、団体財意の独立を作りだし、また、団体財産を管理運営するための法技術、いわば財産管理制度であると思っているわけであります。

また、財団の場合ですけども、財団法人というのは権利主体方式を採りますけれども、実際は、財産、例えば育英財団をつくろうといってAという人が多額の金を拠出して、それでその財産を基礎にして財団ができますとやはりその財産は独立性を持って、寄付者とか、あるいはまたこの財産の管理者の個人財産とは、分別管理されていくことになります。端的にいいますと、財団法人は、理念的には権利主体方式をとるが、一定の目的のために、出捐された財産の独立性をもたせ、理事という代表者（他人）にそれを管理運営させる法技術、いわば財産管理制度であります。

それから私はこうして、四〇数年間にわたって、法人論を勉強してきたわけでありますが、私がこの間ですね、特にさっき申しましたような中川先生に師事したことは、大変に幸せであったわけでありますが、私が法人をやってきて本当に心から「ああ、学問をやってよかったなあ」と、後年期にこうした喜びを感じましたのは、これはとくに一〇数年にわたり、若い諸君たちと一緒に、メイトランド（Frederic William Maitland〈1850～1906〉の『信託と法人』（Trust and Corporation〈1904〉）という、本を翻訳したことであります。訳出しましたこの『信託と法人』がものすごく素晴しい論文なんです（メイトランド・信託と法人〈監訳〉（日本評論者）一九八八年）。ここでは詳しくは説明できませんが、諸君たちに申しましたメイトランドという先生は、話しがずれますが、なんとなく山崎君に顔が似ていますから、私が「山崎敏彦君によく似てるんじゃないか」と言い触らしました。それで、山崎教授があっちこっちにいって「森泉先生は私のことをメイトランドに似ているなんてことを言っている」なんて吹聴しているらしいですが、似ていること自体大変光栄なことなんですから。もし気に障ったらごめんなさい。山崎君をいじめているわけではありませんけれども、ちょっと急に思い出したものですから。雑談ご免なさい。このメイトランドといのはイギリスが生んだ偉大な法制史家であります。わが国でも極めて著名であります。それで『信託と法人』はメイトランドが晩年になって（一九〇四年）発表した傑作の一つであります。メイトランドが歴史的事実と社会的経験を踏まえて説く信託法の原理や、法人論には迫力があります。私がこのメイトランドを研究して、ふと、気付きましたことは、私の恩師の中川先生も、発想とか研究の手法には、メイトランドのそれと似通っている点があると思ったことです。私はもっと早くメイトランドの勉強をやっていれば、もう少しどうにかなったんでしょうけれども、こうして遅蒔きながらメイトランドという大学者とその著書をとおして出会ったことでいまでも満足しています。今後は若い人に、この後を引き継いで是非やってもらいたいと、思っているわけであります。とりわけ、メイトランドは『信託の法人』の後半の方で、信託が、非法人の団体や、目的財産に利用されて、法人格付与の機能を果したということを説いています。今日は、こういった講義はできませんですけれども、メイトランドが説く信託法理は、本当に素晴しいものがあります。それと日本では大陸法系の影響が強いですが、この日本の信託法は、カナダの信託と、それからインドの信託法に倣うものであり、もともと英米法系なんです。それがすっかり曲げられていますが、私は近い将来ですが、編著者として信託法コンメンタールを公刊したいと思っています。この完成までは、私もまだ死んでも死にきれないような思いに駆られるわけであります。

これほど偉いメイトランドでありますが、メイトランド自身がですね、友人チップマングレイ（John Chipman Gray〈1839〜1915〉、ハーヴァード大学ロイヤル法律学講座担当教授）に宛てた手紙の中で、「私は、イングランドが人類のために法律の分野において成し遂げた最も偉大な業績は、信託を創り上げたことである。」と、自信を持って言っておりますし、さらに、「世界に対して誰かが、我がイングランドの信託を詳細に説明しなくてはなりません。」と、言っております。私たちメイトランド研究会のメンバーは、こういったことに感動しまして、その次に著した本が、『イギリス信託原理の研究』（学陽書房、一九九二年）で公になったわけであります。私の研究遍歴はこの程度にしまして、これから主題である「当面する公益法人制度の現況と課題」について講義を続けていきたいと思います。

二　当面する公益法人制度の現況と課題

(1)　まず、この講義のレジュを見ますと、「当面する公益法人制度の現況と課題」ということでありますが、諸君たちもご承知のように、近時、福祉とかあるいは環境問題とかあるいは国際協力あるいは国際交流、さらには市民参加の町づくりなど、各分野でもって市民のボランティア活動が盛んに行われています。特にですね、あの阪神大震災で、ボランティア活動には目覚しいものがありました。昨日の新聞でも、ロシアのタンカーが流出した重油の回収にボランティアボランティア団体が参加したことが報じられておりました。いずれにしましても、近時、ボランティア活動は、活発に行われております。

このボランタリーというのは、本来市民の自発的な奉仕活動であります。従ってそれは、金銭や、物資の寄附という形でされてもよいし、自発的な役務の提供であってもいいというわけであります。ボランティア活動は、最近の阪神大震災を契機にしまして、特に市民のボランティア活動に対する関心は一段と深まったとされています。

ところで、近頃、多くの分野でもって、市民活動をしております市民団体は、NPO（Non-Profit Organization）NGO（Non-Governmental Orgaization）と呼ばれているものであります。それで、これらの団体の多くは、一般市民からの寄附が頼みでありますけれども、これらの団体は、任意団体、いわゆる「法人格なき団体」として存しているわけであります。つまり、「権利能力なき社団」として位置づけられていますため、税制上の寄附控除の対象が極めて限定されてしまうわけです。公益法人のように税金の優遇措置を受けることができないわけであります。例えば、この任意団体が果実である所得があった場合には、法人税率が、三七・五％という税率ですが、民法の公益法人は、二七％まで税が軽減されるといったような免税措置があるわけですね。ですから、行っているボランティア活動は公益活動ですから、その実体は公益法人ですけれど、たまたま法人格を取得していないために、税の優遇措置を受けることができません。

ところで、アメリカでは日本よりも進んでおります。法人格に直接関係なく、いわゆるこの非営利団体としての活動動の実態が認められれば、税の減免を受けることができるわけなんです。その点、日本の場合は、法人格の有無によって差を設けておりますので、非法人団体として公益活動を行っても、税制上の優遇措置を受けることはできません。

そうしますと、諸君たちが、NPOとかNGOといわれるこの市民団体、公益団体としての実績と組織を持っているんだから、民法三四条の規定に基づいて公益法人となればよいのではと思うのは当然です。ところがこの市民団体は、民法の公益法人として設立されるのは嫌だと、拒絶反応を示しています。なぜ嫌うのかと申しますと、この民法上の公益法人は主務官庁（中央官庁とか都道府県）許可によって「法人成り」をします。いわゆる許可主義がとられています。この許可主義が特権的だというのです。つまり、許可をするかしないかは、主務官庁のいわゆる自由裁量によってなされるわけですから、極めて特権的なんです。つまり、法人格の付与というような私法上の問題を、行政庁の自由裁量に任せることは、まさに特権的であります。それにまた、この許可主義は、一つは、私たちが、憲法によって団体結成の自由が保障されていることと、他は、財産処分の自由が承認されている現行法体系の基本原則と一致しないのです。例えば私がお金（財産）を持っておれば、そのお金は、私が勝手に、どのように処分しようとも私たちの自由であります。育英財団を創ろうが、また、ボランティア団体を創ろうが、私の自由であります。これに対して、いちいち主務官庁の一方的な裁量で、許可する、許可しないなんていうことは、これは私たちの財産の処分の自由に反するのではないかというのです。このように、ボランティア団体は、民法三四条による公益法人として設立される実体を持ちながらも、許可主義が特権的で嫌だと、拒絶反応を示しておるわけであります。

さらにですね、許可主義によって公益法人となった場合には、民法の規定を見て驚きますけれども、主務官庁の監督に服するような規定が非常に多いのです。ちなみに、一般的監督規定として民法六七条一項、個別的監督規定として、①三八条二項、②六七条二項、③七一条、④七三条二項、⑤七七条一項、二項、⑥八三条等があります。主務官庁の監督に服しながらボランティア活動をすることは嫌だと、逆に自由な自主的なボランティア活動を阻害してしまうため民法上の公益法人になるのを嫌うわけであります。

そこでこのＮＰＯと称する、あるいはＮＧＯと称するボランティア団体は、右に述べた障害を避け、民間ボランティア団体の活性化を図っていくために、アメリカにおけるような非営利法人化を強く要望してくるわけであります。諸君たちの手元に、「ボランティア団体の非営利法人立法化について」、(金融商事判例九六八号・本書一一九頁) といった私の簡単な随想を配付しておきました。ボランティア団体の人たちが、非営利法人化設立を要望するのは、頭の中ではアメリカにおける非営利法人というものと結び付けて、考えているんですね。では、このアメリカにおける非営利法人というのは、これは、日本でいえば、民法上の公益法人に該当するものなんです。それを向こうの方では、非営利法人と呼んでいるんです。日本では、非営利法人といった場合には、団体が構成員に利益を分配しないことが「非営利」で、構成員に利益を分配するのが、これが「営利」なんですね。だから、株式会社は、これは構成員に利益を分配しますから、これは営利法人ですね。従って、日本のいわゆる非営利法人は、アメリカでいっております非営利法人とは違うんです。それで、アメリカの非営利法人は各州の非営利法人法（Non-Profit Corporation Law）といった法律によって、設立されるわけでありますけれども、その実態は日本でいう公益法人で、一つは信託形式と、それから法人形式（財団法人）、この二つの型を採っておるわけであります。

そこでですね、私は一体この問題についてどう考えるべきかと、いうことになりますが、結局、私はこのボランティア団体の活動を活性化していくために、ボランティア団体の公益法人化には賛成なんです。しかしながら、今、申しましたように、公益社団としての実態は持っているのですが、その設立に関する許可主義をとると、法人の業務執行等は主務官庁の監督に服し（民六七条）、この監督権がときにはその公益活動の障害になってくるのです（後述）。いずれにしましても、これに対する法人格与の問題は、立法政策上、民法上の公益法人制度との関連を避けて通ることはできません。税法上の優遇措置についても同様であります。この問題は、これから述べます公益法人制度の濫用の問題となって現われていますので、これについて講義を進めていきたいと思います。

(2)　それで、最近紙上でも報じられていますように、公益法人が、公益という美名を隠れ蓑にして、公益法人を逸脱する行為が目立って増えてきています。特にこの中には、役人の天下り先を確保するために設立されたとしか思えない公益法人が目立っています。昨年、この公益法人制度を濫用したと、社会的にも糾弾された事件としまして、厚生省所管の日本医療食品協会事件があります。この食品協会は、医療食品の検査機関として、食品販売会社から検定料を取ることを仕事とする財団法人なんです。ところがこの協会が、検定料をとるほか、さらにこの販売ルート、医療食品の販売ルートを系列会社に限定し、新規参入は認めないといって、事実上、独占販売をさせたという事件であります。そこで、公正取引委員会が、平成八年四月九日に病院給食に使う医療食品の製造、販売について、新規参入を阻害したとして、独禁法違反として、排徐勧告をしたのがこの事件であります。しかし、この事件とて氷山の一角であり、他に厚生省関係では先の厚生事務次官のいわゆる汚職事件があります。このようにですね、中央官庁というのは、自ら許可権を持っていますから、国の金で特殊法人や財団法人をつくって、それによって、高級官僚の天下り先の確保をはかったり、また、このような公益法人をつくっておきますと、業界支配をはかることができます。まさに官益優先の構図であり、別にこれは今に始まったことではありません。ですから、公益法人ではなくて、官益法人だなんて言われ、誇られている所以であります。

このように、この種の公益法人は、官主導で設立され、当の許可権を持っている官僚が天下る公益法人でありますから、そこでは、官と業界が癒着し、事業活動というものを、監督してチェックする機関がはじめからないに等しい状態であります。本来ならば、民に対して模範を示さなければならない、主務官庁所管の公益法人が、公益という美名に隠れて、不正な行為をなすという弊害が生ずるわけであります。

なお、政府の各省庁が所管する社団法人が財団法人という公益法人は現在約七〇〇〇件あります。それで、先のＮＰＯとかＮＧＯといわれるそういうボランティア団体はこれは法人格の取得の問題、他方は、法人濫用の行為であって、どちらも公益法人制度に深く関わってくる問題であります。

そこで、私はこの問題につきまして、次のようなことを提言したわけであります。一口で申しますと、許可権を、現状のまま主務官庁においておけば、またこのような状態が続いていく危険があります。ですから、このボランティア団体の法人格取得の問題と、他方、公益法人の濫用の問題とは次元の違う問題であります。この次元の違う二つの問題を重ねてみようというわけではありませんが、いずれも、公益法人制度に大きく関わってくる問題であることは事実であります。先の日本医療食品協会事件を契機に、私は、読売新聞の「論点」に「公益法人の審査機関必要」（本書一二二頁）という見出しで、これらの問題について提言を行いました（一九九六年六月一二日朝刊）。この要旨は次のとおりであります。すなわち、私は、一方では、ボランティア団体の法人化の要件を緩和し、他面、公益法人の濫用行為をチェックするために、イギリスにおけるチャリティー・コミッション（Charity Commission）を範として、独立の機関としての公益審査委員会を設けることを提言しました。つまり、この公益審査委員会を、イギリスと同じように、わが国の所管官庁に相当する政府機関にして他の行政機関から全く干渉を受けないようなこういう独立の機関にすべきことを説いたのです。それで、イギリスでは、その構成員は、内務大臣から任命される最大五名のコミッショナーによって成っているわけですが、このコミッショナーは、弁護士が殆んどであるといわれております。そしてこの権限等につきましては、公益性の有無の設定とか、目的財産の有効使用の支持とか、またこの受託者に対する財産管理方法の指導とか、チャリティーに関する情報の提供とか、非常に広範な独立した権限が与えられています。かように、私は、イギリスのいわゆるチャリティー・コミッションといったものを日本でも政府直属の独立機関として設定したらいいと思っているのです。ところが、公益法人の許認可について第三者的な審査機関をつくるといったことは、いってみれば、実質的には主務官庁から許認可権を奪うようになりますから、その抵抗があるかと思います。先の読売新聞の「論点」に対して、これに賛同する人たちは、公益法人に所属している方ですが、自分の財団法人には、理事が〇〇省から半分近く天下ってきている、というような投書が多くあり、先生の意見に全く賛成であるというのです。他方、ある人からは「森泉君、こんなことを言って、君、あとで睨まれるよ」なんていわれて、「あまり極端に書かない方がいいよ」なんて冗談半分に言われました。ですが、正しいことを書かなければ、日本の行政とか国政の大道を誤ってしまいます。そこは学者は勇気を出してやらなければならない。それが私の信念でありますが、私は昔から、弱者保護の思想をもって歩んできたつもりでいます。諸君たちに、不躾ですけれども、お暇の折に私の新聞の「論点」をよく読んでもらって、これが正しいと思ったら、賛成をしていただきたいと、思っておるわけであります。

三　現行公益法人制度の問題点と課題

次に、「現行公益法人制度の問題点と課題」という点についてお話しします。現在民間公益活動を行い得ますものは、民法上の公益法人と、それから信託法が規定する公益信託であります。ですから、公益活動を行っていくものは、民法に基づく公益法人及び信託法における公益信託が、日本の公益民間活動の担い手であると、いうこともできるわけであります。公益法人も公益信託も社会的活動を営んでいるわけですが、その根拠法となっております民法および信託法の規定は、民法についていえば九〇年、それから信託法についていえば八〇年に、近い歳月を経ておるわけであります。その間、法改正が行われておりませんので、公益法人とか公益信託が社会的活動を果たそうとしましても、いろんな不都合が生じてきているというのが現状であります。諸君たちは、民法総則の講義で聞いてきたわけでありますが、民法の公益法人は、三四条で、「祭祀、宗教、慈善、学術、技芸その他公益に関する社団又は財団にして、営利を目的としないものが公益法人となりうる」といっています。あとのほうで営利を目的としないといっていますから、読み方によっては、純粋に公益を目的としない団体でも非営利であれば公益法人となり得る、かような規定なんです。この点について、民法が公益に関する、といっていますが、信託法六六条では、公益信託につきまして祭祀、宗教、学芸、技芸その他公益を目的とするという信託といっています。「関する」と「目的とする」とでは、ちょっと、「関する」の方が緩やかなんです。こういうこともあって、民法は広く非営利法人を含めて認めているような規定にもとれるのです。

ところで、民法では私法人として、公益法人（三四条）と営利法人（三五条）を規定していますが、もともとこの公益の反対概念は、私益なんです。従って、営利の反対概念は、非営利でありますから、民法の規定の方法としましては、営利法人と非営利法人に分類し規定すべきだったと思っています。私は、民法の規定では、非営利と営利、営利法人と非営利法人に分けて、それで、非営利法人として一旦設立された法人の中から公益性を有するものを、公益法人とすればよかったような気がしてならないわけであります。我妻先生がご存命で、頑張っていただけたら、よい規定ができたかも知れませんが、それは、我妻先生が亡くなられてしまい、実現もせずに終ってしまいました。我妻先生はみなさんが思うような雲の上の人ではなくて、非常に庶民的な立派ないい先生であったと思っております。

そこで、今度は日本の公益法人の実態を見てまいりたいと思います。日本の公益法人の総数は、これは平成四年の総理府の調査によるものですが、全部で二万五四二三件で、その中で中央官庁所管のものが七一五四件、都道府県知事が許認可します地方公益法人が一万八二六九件、といわれておりますす。ところがこの公益法人のうち、諸君たちも知っておりますとおり、祭祀、宗教を目的とする法人は、宗教法人法による宗教法人として設立され、それから慈善を目的とする公益法人は、社会福祉事業法による社会福祉法人として設立されております。学術、技芸はこれは私立学校法による学校法人として設立されております。従って、今日、民法法人といわれております法人は、いわゆる「その他公益に関する」法人だけであります。そこで、この「その他公益に関する公益法人」として、現実に一体どんなものがあるか類型化しますと、まずこのレジュメにも載せています通り、まず典型型（純粋型）公益法人がありますが、非常にこれは数が少ないのであります。日本教育会とか日本水難救済会とか日本キリスト教救癩会とか、とにかく少ないのです。私は、過日、財団法人公益法人協会に行って、登録の公益法人を調べてみましたが、典型型は本当一握りしかないんですね。その次の特別法型公益法人は、これは典型型公益法人と業者団体公益法人に分けることができるわけですが、典型型公益法人は、これは宗教法人とか学校法人とか社会福祉事業法人を指します。業者団体公益法人というのは、これは諸君たちも知っておるとおり、笹川良一がつくったモーターボート競争法（昭二六年法二四二号）によるモーターボート競争会、あれも公益法人なんです。こういったものがはいっています。これは極めて公益性が希薄であることはいうまでもありません。それからその次に親睦団体公益法人があげられていますが、これは一時期、主務官庁の許認可基準が非常に緩められたことがあり、その時期に設立されました。同窓会とかあるいは同好会とかゴルフ倶楽部とかが公益法人として設立されております。これも多くは全く公益性はないといってもいいかと思います。

それからその次に載っていますのが、業者団体型公益法人といいまして、これは同業者の職能的な技術の向上とか、同業者の相互扶助とかあるいは消費者に対するサービスというようなことをやっている法人であって、日本ピアノ調律師協会であるとか日本倉庫協会とか全国旅行業協会などが、この業者団体型公益法人にあたりますね。また、庶民金融業協会もこれにあたるわけであります。これも公益性が希薄であります。

それから第五番目に載っていますのが先ほど問題になりました。行政補完型公益法人といって、これには三つの型があるわけですが、一つは、国の示す資格規定ですとか検査業務をさせるもので、さっきいいました日本医療食品協会とかあるいは日本缶詰検査協会とか日本海事検定協会といったようなものがあります。二つめは、本来行政庁が行うべき行政事務、これを肩代わりさせるために設立された法人であって、防衛施設周辺整備協会とかあるいは各府県にあるいわゆる下水道公社などがこれにあたるわけであります。特にこの第二の型は、防衛庁がつくっているものが多いですね。三つめの型はですね、公共団体の所有する公園とかスポーツ施設等に運営される法人、さらに、各府県の公園とかが、これにあたるわけであります。以上、行政補完型公益法人について諸君たちに説明してきたわけでありますが、行政補完型公益法人では、人事が官庁からの天下りが多いですから、先ほども述べましたように官と業との癒着あるいは官による業界支配というような、弊害が生じてくる恐れがあります。

そこで今度は、問題を、現存する公益法人の中には、非常に公益性の希薄なものがかえって多いという点に着目してみますと、特に業者団体型公益法人についてそれが言えるわけであります。そこで、業者団体型公益法人であっても営利企業の実体をもっているものと、同じ手口で営利事業をしているものについては、営利会社へ改組させる措置が必要であります。それから、他面、業者団体型公益法人であっても、先ほど私が申しましたように、形式的には公益法人であるために税制上の優遇措置を受けているのであります。ですから、大蔵省や国税庁では、右のような業者団体型の公益法人をみて、これは公益性がないのですから、公益法人に関する所得の税率は一般並にしたいと、公益法人の税金についての優遇措置の撤廃を要請しているのです。実体が公益法人ではありませんから、その実体をみて公益法人の税制を見直すべきことをいっておるのであります。業者団体型公益法人のような法人が、結局、民間公益法人の活性化をはかるための足枷になっているということになります。

四　問題点解決のための提言

そこで、このような現状に対拠するためには、結局、公益法人を純粋に公益活動を行う団体だけを対象とするように、再構成しなければなりません。それで、既存の公益法人であって、この再編成された公益法人に、吸収することのできないものなどのためには、私は、別途、中間法人制度（非営利法人）を創設して、中間法人として存続する道を講ずるべきであると思っています。私は別に業者団体型や親睦団体型の法人化をいけないといっているのではないのです。私は、この業者団体型・親睦団体型の団体が公益法人として設立されるのに問題があるといっているのです。私は、別途、中間法人ないし非営利法人として設立させるべきであるといっているのです。公益法人として設立されるところに問題があるといっているのであります。従って、例えば、既存の公益法人の中でも非営利事業を行っておるものは、非営利法人の方に移行させればよいのです。また、先に言った業者団体型のような法人には、中間法人制度を創設して、これに移行させるべきことを考えているのです。

時間が迫ってきますので要旨にとどめますが、私は、今後公益法人を純化していくためには、一つには、今申しましたように、公益法人制度のほかに中間法人制度を新たに創設すべきであるということ。それから、第二には、公益及び公益法人の許認可基準を明確化すべきであるということです。例えば、公益活動とは、福祉、学術、および芸術の振興その他不特定多数人の利益のための活動をいう、というように定義づけることが、必要ではないかと思います。公益法人の許認可基準を、法律上はっきりと明定しておく必要があります。また、公益活動には官も民もなく、官と民とは従属的な関係に立つものではないと思います。すべての公益法人にひとしく適用される基準を設けるべきでしょう。とにかく許可主義にも問題があるわけですから、第三に、第三者的な、公益審査機関を設置することが焦眉の急であると、思っています。それから、政党や内閣がボランティア団体のために、非営利法人の立法化を立案しているようですが、この問題は、結局、民法の法人に関する諸規定を避けては通ることはできないのですから少し時間をかけて、この際、思い切って中間法人を折り込んだ民法の一部改正を抜本的に行うべきであると思います。そのためには、勇気がいります。

先に急ぎます。それからその次に、レジュメには公益法人に関する組織認定等の整備なんて書いてありますが、これは省略し、監事の必置性について要所だけ述べることにいたします。民法上の法人には、いろんな財産状況を監査する監事というのがありますが、株式会社では監査役に当たりますね。監事は現在の民法の規定では、置いても置かなくてもいいという、任意機関になっています。しかし、私は、先ほど申しましたように、行政補完型公益法人のような国の財源で活動している法人には、絶対に監事を置くべきであると思います。私は、監事を常置必須の機関にすべきであることを強くここでも訴えたいのです。

ついで、財団法人における評議員の必置性ということをレジュメに書いておきましたが、財団法人においては、社団の場合とは違って、社員総会という最高意思決定機関をもちません。従って理事長、理事会によってすべて管理運営されることになります。かように、財団法人には、理事会の他に業務運営に関する事項を審議する機関がありませんので、私は、社員総会にかわる評議員ないし評議委員会を常置必須機関にして、財団意思を決定していくように考えなければならないと思っているわけです。評議委員会をいかなる機関にするか、現存する財団法人では、これを諮問機関・審議機関・理事選任機関にするなどさまざま考えられます。また、社団法人におきましても、社員数の多い大規模な社団法人や、全国的に支部をもっているような社団法人にあっては、定款の変更、解散の決議など社員総会の専権事項を除いて、役員の選任、事業計画、業務執行状況の監視などの権限を評議員会に分配できれば、議事運営上便宜であります。社団法人では、評議員会を任意機関にすればよいと思います。

それから、最後に、収益事業の範囲の確定と書いてあります問題です。今日の民法では、公益法人の収益事業については規定はありませんが、公益法人として公益活動を行っていくためには、活動資金として財産がなければ、財団であれ社団であれ公益活動ができません。そこで当然、各公益法人は財源を確保するための収益事業を行っています。例えば、出版物を出したり、あるいはまた、印刷業をやったりして、それで財源を稼ぐわけであります。宗教法人法六条、私立学校法二六条では、宗教法人、学校法人について収益事業を営むことを認めているわけであります。公益法人の多くは、本来の事業を行うための財源を確保するために、副業的に収益事業を行っていることが非常に多いわけです。ですが、公益法人であって収益事業が主で、公益事業が従であっては、これはいけません。こういったことは、明らかに脱法的行為であります。ですから、自ずから収益事業の範囲といったものには限界があるということになります。公益法人の中には収益事業からあがった収益を構成員に分配するのもあるようですが、もってのほかであります。そこで、私は収益事業というものをなしうる範囲を明定化しておく必要があると思っています。この問題に対処するためにも、早く中間法人制度といったものを設けなければいけないということであります。これについて、民法の法人の規定に関して改めるべき点をいえば、結局、法人を非営利法人（中間法人）と営利法人とに分けて、特に公益を目的とするものは非営利法人の中からふるいわけ、そのための法人活動をさせるような法律を作るなど、なんらかの措置を講じなければならないということであります。公益法人を純化していくためには、他方においては、非公益性の団体を吸収していく制度を作っておかなければいけない、つまり受け皿がいるんです。

総じて、私がここで言いたいことは、前にも申したように、政府ないし官庁による「上から」の公益活動は、いけないというのではなく、民間公益活動を育成したいということであります。社会経済が多様化、複雑化して参りますと、公益性も多様化してきますので、公益活動に関する政府と民間との価値判断が違ってくる場合があるんです。こういうときに、政府も民間も独自の価値判断に基づいて、独自の公益活動を行っていけばよいのです。言ってみますと、公益活動には、官も民もなく、また、官と民とは、従属的な関係に立つものではなく、むしろ協力的関係に立つべきであると、私は思っています。官民協力し合って、ともに公益活動を担うべきであると思っています。私は、将来、理想をいえば、民間公益活動を担う日本の公益法人は、政府によって監督されるレベルから脱皮して、政府と同等の立場でもって、独自の判断に基づいて、公益活動をなしうるレベルに自らを育成していかなければならないというのが、これが私の結びともいえる考えなんです。

この辺で公益法人の講義のところを終わりたいと思います。

五　学生諸君へのメッセージ

それでは、最後に、学生諸君へのメッセージを一言申上げたいと思います。学生以外の諸先生方は、どうか聞き流していただきたいと思います。

これから話します学生諸君へのメッセージは、私が日頃、本当に思い感じたことをいうわけですが、しかも学問を離れたことではありますが、学生諸君にはよく聞いてもらいたいのです。

ベストセラーになった『龍馬がいく』の作者の司馬遼太郎は、坂本龍馬が薩長連合について、これを西郷隆盛を口説いて成功したといっています。それでは、なぜ、坂本龍馬が薩長連合を成功させたかということについては、司馬遼太郎は、坂本龍馬には、一番は私心のなさと、また、彼の精神の高貴さが西郷隆盛を動かしたといっています。だから、坂本龍馬の人格の高潔性を非常に褒めていますですね。それでこれは、この一月六日の朝日新聞の夕刊の「素粒子」といって、朝日新聞の「夕刊」の文字の下に「素粒子」という小さなコラムが載っていますね。私は、まずこのコラムを必ず見るんです。いつも非常に有益な言葉が載っているんですよね。このコラムを見たんですが、そうしたらちょうどここで話すのと同じようなことが載っているのです。すなわち、冥界新聞、「めいかい」というと明らかと愉快の快の字の「明快」と思いますけれど、ちょっと違って、こっちの冥界ですね。つまり、冥途のことで、つまり、冥途の話なんですね。それは死んだ人の対話（司馬遼太郎と丸山眞男）を現存させて、この冥界新聞の対談の中で、司馬遼太郎氏は、「今の日本人は、炉心になる精神がないから、溶けてしまいますね。」というふうに切り出しております。そうすると、政治学者の丸山真男氏が、彼は先だって亡くなったばかりですが、「私は、むしろ他者感覚の無さをいいたい」とこういっております。「他者感覚」とは、他者への思い遣りとか信頼とか愛情を指しているのですが、私は、いまの人はこれを欠如していることをいっていると思うのです。今の日本人について、こうしたモラルが問われているのは、結局、常に他者との関係においてですね。今日、日本人の多くは、非常に平均した豊かさを獲ち得たわけでありますけれども、それと引き換えに、今申しましたような、人間としての内面的な支柱、炉心となるような、「精神」とか「他者感覚」といったものを、両先生は、失ってしまったのではないかと、嘆いておるわけであります。

もう二一世紀が間近に迫ってきております。国際化もますます深まっていくであろうと予想されます。それでこのような情勢のもと、つまり、国内においてはもちろんのこと、国際社会において、日本人が各国から信頼を得るためには、一体、いかなるような精神といったものをバックボーンとしてもっていなければならないかということであります。ちょっと事は古くなりますが、天正年間に少年使節団がヨーロッパに派遣されていますが、ヨーロッパの人たちが十数才の少年の品性、品格、それと礼儀作法をみて、非常に感動して大変賞賛したと、伝えられています。それから、明治維新の時代、日本の国で学者とか学生とか下級武士、さらには大工の棟梁までが外国に行っておりますが、そういった人たちの、殆んどが信頼され、尊敬されて日本に帰ってきています。では、なぜ、こういった人たちがどうして信頼とか尊敬を獲ち得たのでしょうか。彼らは別に外国語を自由に操れるわけでもなく、また外国事情にも精神していたわけではありません。彼らが尊敬とか信頼を獲ち得たのは、私は、おそらく武士道精神、つまり、侍精神によって裏付けられた品格があったからではないかと、考えておるわけであります。

では、一体「侍精神」とは何かという事になりますが、これにつきましては、別にこれといった定義があるわけではないんですね。ただ、日本人が古くから武士の心構えとして漠然として受け継いできた精神のことであって、その徳目としましては、礼節を知るとか、恥を知るとか、責任をとるとか、約束を守る、潔く身を引く、その他誠実、勇気などを数えることが、私はできるかと思います。諸君たちは、キリスト教の大学でもって法律学の学問を学んでいますけれども、この武士道、つまり侍精神といったものは、キリスト教の教えと決して予盾するものではない、むしろ共通する点が多いのではないかと、私は思うわけです。慈愛とか、礼節、忍耐、約束のようなものがこれであります。もっとも、もともとバイブルが書かれた時代は、社会規範が未分化ですから道徳規範とか、宗教規範とか、法規範とかに分かれていませんでした。従ってバイブル自体が道徳の書であり、また法律の書であり、宗教の書であったんです。ですから、このバイブルと道徳なんてものは重なってくる。法規範も重さなってくる。だから、バイブルだって、宗教規範として慈愛とか礼節・約束といった道徳的な規範を盛り込んでいるわけなんです。こうみてきますと、決してキリスト教と武士道の教えは、予盾するものではありません。ところで、ヨーロッパには紳士道というのがありますが、紳士道というのは女性に優しい紳士的なことを紳士道というのだと思っています。ちょっと武士道とは違うんですね。ずいぶん似通っていますけれども、違う点は、女性への優しさというのが武士道には加味されていないと思っています。ところで、キリスト教の精神と武士道の共通点を証明するために、キリスト教徒であった内村鑑三（一八六一～一九三〇年）、日本の代表的なキリスト教指導者。熱心な無教会主義者。著書に「予は如何にしてキリスト教徒となりしか」「代表的日本人」等がある）は、多くの著作によってこれを説きました。このキリスト教と武士道とを継ぎ木したのが、内村鑑三の功績ですし、同じくキリスト教徒の新渡戸稲造（一八六二～一九三三年）、農学者、教育家。熱心なキリスト教信者。代表的な著書に「武士道」がある）は、『武士道』という本を書いて、日本人の根底にある武士道精神を世界に広めたわけであります。内村にしても、あるいは新渡戸にしましても、日本のアイデンティティーとして求めたものは、私は侍精神であったと、思っているわけであります。幸い諸君たちは、キリスト教の大学で学んでいるわけですから、キリスト教を通して、漠然とした情緒力とも言える、いわば武士道的精神を培っていただきたいと、こう私は思っているわけであります。

※私は、少年時代、よく日常会話で「武士は食わねど高揚枝」（武士は、食事をしなくても、食ったあとのように揚子を使う。貧しくとも気位を高く持つべきである、という意）、「武士に二言はない」（いったん言ったことは必ず守り通す。武士は信義を重んずる、という意）、「武士武士は相見互い」（武士は互いに思いやり助け合わなければならない、という意）、等の言葉を聞いたことを覚えている。武士道精神は、無意識のうち私たちの心に浸み込んでいた情緒のように思われる。

毎日のように、新聞紙上に、いじめの記事が載っておりますが、私たちは子供の頃、強いものが弱いものをしじめるのは卑怯な行為であるということを躾られてきました。だから、勝海舟などは弱いものをいじめて父の小吉に怒られて、庭の木に縛られて下駄でもって殴られたなんて、懲らしめられたことを聞いたことがあります。子供の頃から躾られたからこそ勝海舟のような、ああいった大人物が、明治維新において、大事業を成し遂げるんですね。侍精神を持っていたのですね。なぜ、一体いじめが卑怯な行為なのかとなりますけれども、なぜいじめが卑怯な行為かについては、私は論理的な説明は不要であると思います。これは理論の問題とか論理の問題ではないのです。まさに、卑怯を憎む、心の問題なのです。それで、私は、多くの人々が、多くの日本人が、武士道的精神というものを心の底に持っていれば、いじめの問題なんてものは絶対生じてこないと思うわけであります。日本では、今や礼節とか道徳とか誠実といったものは死語になりつつあると、いわれております。つまり、昔流にいってみますと、これは、いわゆる武士道精神といったものが失われていることを示すものであると思います。それでは、一体この失いかけておる武士道精神をどうやって培ったらいいかということになります。こうした情緒力を培うには、読書が主役をつとめなくてはなりません。礼節・誠意、正義、勇気、卑怯を憎む心などの小説・物語・詩歌を読み、心の糧とするのがよいと思います。舌足らずでありますが、私は講義中に、学生諸君に礼節を重んじなさいと、日頃口やかましくいってきましたが、漠然としたものでありますが侍精神を培って欲しかったからであります。

ところで、世界でもって、一流とかあるいは一級であるといわれる人の殆んどが、漠然とした、情緒ともいえる武士道精神みたいなものを、底に秘めているといわれております。したがって、これから国際化が進む中でもって、諸外国から信頼と尊敬を得て、そして世界に貢献し得るような人に成るためには、外国語に堪能で、外国事情に通じることも必要であると思いますが、それ以上に、私は、武士道精神に裏打ちされた品性というものを、持つことが必要であると思うわけであります。したがって諸君たちは、武士道精神を身につけるために、キリスト教精神をとおしてこれを培っていただきたい、と思うわけであります。私は、このことを諸君たちに期待しております。私は、三月に、約三〇年もの間、命を懸けてきましたこの大学を定年で去ります。この最終講義におきましては、私が日頃考えてきたことを、諸君たちにお伝えできたことは大変嬉しく思っております。諸君たちは十分心身を鍛えて、悔いのない、有意義な学生生活を送って下さい。

これをもちまして、最終講義を終わります。

1　公益法人制度の現況と課題

〔青山法学論集三九巻一号、一九九七（平成九）年七月〕

2　正義感いずこ

一月のある寒い夜、某出版社の編集長と仕事の打ち合わせをし、食事後二人でタクシーを拾い帰途についた。途中編集長が降り、一人になったら運転手が話しかけてきた。車中の会話で素姓がわかってしまったらしい。「先生ですか。私はこんどのリクルート事件には腸が煮えくりかえるようです。ああした国会議員や官僚に政治・行政をまかせておくのはやりきれない気がします。先生の学校でも学生さんの抗議集会で毎日大変でしょう。学生さんは純粋ですから……」。私はとっさの返事に窮した。やや間をおいて「運転手さん、抗議集会どころかなにもやっていないのですよ」といったら、「いまの学生は正義感がないのですかねえ……」と落胆の言葉が返ってきた。教師としての後ろめたさのようなものを感じ情けなかった。なお、この運転手君、その他消費税の不合理をつくなど見識ある御仁ではあった。

確かに学生像は変った。いまの学生には「天地崩るるとも正義あらしめよ」というような哲人の教えは忘れ去られている。今日の大学生を全体としてみて、おとなしくて、覇気や個性を感じない。政治や社会に対して深い関心を示さない。それゆえ、秩序に対しては従順であり、政治や社会への批判がない。学園祭を一つ例にとってみてもわかるように、焼そば、サンドイッチ、たこ焼等の模擬店、コンサート、落語、映画など「遊び」を主体とした「祭り」であって、政教分離、天皇制、リクルート事件等の諸問題を論ずる討論会やシンポジウムなど文化的行事は至って低調である。学生たちは自己の利害だけを尺度として判断し行動しているのかも知れない。しかし、これをもって当世学生気質であると済ますわけにいかないし、飽食の時代における甘えであるといって見逃すわけにもいかない。どうしたらよいのか。ここは寛容をもって、正義感がない、無気力だのと学生を蔑視することなく、われわれ社会全体の問題として受けとめ、反省自戒すべきことであろう。正義感や覇気をなくしたのは学生だけではないからである。

ところで、その後も運転手君にいわれた言葉が頭から離れない。リクルート事件を考えると腹が立つ。いまの政治家は金をつくる魔法使いか錬金術師か。未公開株を安く譲り受け、その支払代金はリクルート側に立替えてもらい、その株を「借金のかた」にする、値が上ったら売る。懐痛めず、濡れ手に粟とはこのことであろう。額に汗せずして、二千万円、三千万円もの巨額の金をあっという間に手にする。額に汗して働くサラリーマンにとって、二千万、三千万の大金は、一生かけて働いた退職金に相当する額である。これだけの利得を好き好んで与える人がいるであろうか。受けとる側はなにかあると思うのが良識であろう。責任を追及されると、「秘書がしたこと」といって責任を転嫁し、

「正当な経済行為」といって言い逃れをする。ここにも正義感のない人達がいる。

もっとも、正義感をもっていても、なにもせずに、手を拱いている人もいる。正義を実現するためには勇気がいる。「義を見てせざるは勇なきなり」である。

テレビの「髷もの」が好きでよくみるが、悪代官や悪役人が悪徳商人から小判入りの菓子折を受け取り、「山吹色はいつみてもよいのう」と小判を玩んでいるように、先の人達も、礼束を手に「福沢諭吉先生の顔はいつみてもよいのう」とほくそ笑んでいるにちがいない。それでもテレビの場合は正義の剣士が現われてバッタバッタとやっつけるから溜飲が下がるが、現実の場合はそうはいかない。国民一人一人が正義の剣士になるほかはあるまい。

先達て自民党大会での挨拶で、曾野綾子さんが、「政治家たるものは自己の利益や権勢のために働くことではなく、人々のために犠牲になるべきことである」と説かれたと仄聞したが同感である。政治家は、あくまでステイトマン（Statesman）〈政治家〉でなければならず、ポリティシャン（politician）〈政治屋〉であってはならない。権力や私欲を目指す職業としての政治は不要である。白いベストの運転手君に刺激され、正義感を燃え立たせて所感を草した次第である。

〔ジュリスト九三一号、一九八九（平成元）年〕

3　六法全書について

聖書がクリスチャンにとって片時も離すことができない必携の書とされているように、六法全書は「法曹のバイブル」などといわれ広く法曹をはじめ法律学を学ぶ者にとって座右の書とされる。しかし、その評価については、聖書にくらべ、ハイネが「ローマ法大全〈当時の教科書で六法全書のごときもの〉は悪魔の聖書だ」といったように、その法律学の非人情性が批判されかんばしくない。

ところで、六法全書とは、本来六つの法律を収めた法規集を意味するのであろう。ちなみに、広辞苑〈第三版〉では、六法とは「現行成文法中の代表的な六種の法律、すなわち憲法・民法・商法・民事訴訟法・刑法・刑事訴訟法」をいい、六法全書とは「六法をはじめ各種の法令を収録した書籍」とある。岩波国語辞典によると、六法とは「憲法・刑法・民法・商法・刑事訴訟法・民事訴訟法の六種の法律」をいい、六法全書とは「六法を基本とし、これに関する各種の法規を収録した法令全書とある。わが国での六法という語の初出は、箕作麟祥が明治六年に刊行した「仏蘭西法律書」の序文だとされ、そこには「憲法・民法・訴訟法・商法・治罪法（刑訴法のこと）、刑法ニシテ……此六法ノ……」と書かれている〈高梨公之・法曹夜話九頁〉。

六法全書で市販されているものには「六法全書」と銘打ったものは少ない。いまは有斐閣の「六法全書」の一冊だけであろう。「全書」を省略し「六法」だけを名のるのは数が多い。学習、携帯の便宜などから、たとえば、小六法、ポケット六法、コンパクト六法などがあるし、特定の職種用として、たとえば税務六法、交通六法、商経六法などがある。また、重要判例を注記した模範六法、判例コンパクトなどがある。私は、自宅では「六法全書」を、講義用に「小六法」や「模範六法」を、携帯用として「ポケット六法」、「コンパクト六法」を愛用している。

現在、多くの国語辞典などでは、六法全書とは、右に述べたように、六法を基本とした法令全書と記されている。しかし、社会が進歩すれば法も変遷する。今日、六法全書に収録されている法律は、基本六法はもとより、社会法、福祉法、国際関係法など広い領域に渡っている。六法全書は、その内容からみれば総合法令全書といってもよい。

ところで「六法」、「全書」の語の由来については定かではないが、高梨公之先生の「法曹夜話」によると「六」には東西南北上下いっさいという意味があったといわれるが、さらに、東洋で最古の成文法〈刑法典〉の一つ「唐律疏義」巻一〈疏義とは注釈書のこと〉に引かれている。李悝の法経六篇――①盗法、②賊法、③囚法、④捕法、⑤雑法、⑥具法の六つに分かれていた――、周礼〈周公旦の著書〉の六官〈天・地・春・夏・秋・冬の六官、たとえば天官の職掌は家宰が邦治を掌ることにあったとされる〉、唐六典などにならった東洋的な発想が働いていたのではないかといわれている。「全書」を「六法」に結びつけたものであろう。

いま私がこうして六法全書云々いっているのは、六法全書の由来を述べたかったこともあるが、実のところ、六法全書に親しみ、諸君たちに条文を読んでもらいたいという意図によるものである。

こうして法律学を学ぶ者は、つねに六法全書を座右に備え、関係条文を熟読するように心がけなければならない。講義の際、六法全書を持参しない学生がかなりいることは嘆かわしいかぎりである。条文と教科書はいずれも必ず読まなければならない。教科書を読んだらそれに関係する条文を必ず読むことである。また、それとは逆に、最初に条文を読んで、それについての教科書を開いて読むというやり方でもよい。条文を見た眼で教科書の内容を吟味しうるからである。いずれにせよ、法律を学ぶものは、つねに条文を熟読することが絶対に必要である。六法全書は法曹のバイブルである。

それはともかく、学生も一般市民も、法律（法文も内容など）は難しいし、堅苦しいとぼやき、六法全書は無味乾燥でおもしろおかしくもないという。黒田了一先生（元大阪市立大学教授、二〇〇三年七月九二歳で逝去）は、「秋の夜をひたすら学ぶ六法に恋という字を見出でざりけり」（法学鎖論一二一頁→高梨公之・法格言三七頁による）という歌を詠んだ。六法に「故意」（例・民法七〇九条）の字はあっても恋の字はない。近頃、ストーカー法二条にようやく「恋愛感情」という文言を見い出す。

無味乾燥にみえる六法全書は「法曹のバイブル」として尊重されているが、他面「社会の法秩序を守るバイブルとして、広い社会で咲いている恋の花をも温かく見守っていることを忘れないでほしい。

〔法ゼミ誌報二二一号、一九八八（昭和六三）年〕

4 「ようし！　もういっぺん」

——試験雑感——

ことし還暦を迎えた。この華甲《かこう》に際し、多くの研究者による立派な記念論集を贈られるという栄誉に浴した。また、これを祝って知友、学友、ゼミOBは心からなる宴を開いてくれた。洵《まこと》に身に余る光栄というほかはない。こうしたはかり知れぬ信愛に感謝しながらも、わたくしよりはるかに仕事をしながら、このような機会に恵まれなかった人たちを思うと申し訳なく慚愧《ざんき》にたえない。天からの恩恵だと思えと心にいいきかせている。

いままで歩んできた六〇年の人生を振り返り感慨にひたっている折も折、受験新報編集部より受験生向きの原稿を依頼された。すぐに思い出されるのは若き日の試験のことであった。

試験前の張りつめた緊張感と不安、試験に失敗したときの無念さや、ヤマが当たったりして試験に成功し合格した歓び、悲喜交々《こもごも》、試験は何となく人生の縮図のような気さえする。しかし、だれにとってても試験ほどいやなものはあるまい。もし人生で試験が避けられたら生活が一段と楽しくなるにちがいない。わたくしも学生時代、一回のしかも限られた時間内でのテストによって人間の価値が判定できるものなのだろうかと疑ったときがあったが、いまもこの気持は変わらない。しかし、人を選抜する道としては、試験という不完全な方法でも、これに頼るしかないであろう。現実にも、下は幼稚園から大学入試・各種資格試験、さらには就職試験にいたるまで試験、試験で、この道を避けて通ることはできない。まさに試験地獄である。

いまは教師として試験をやらされる立場にたたされているが、よい答案をみるとほっと安堵したり、悪いのにぶつかると教えかたがまずかったのか反省したりもする。また、金釘流の字でも問題を必死に思い浮かべて書いてある悲壮な答案に接すると、なんとなく涙ぐましくなる。試験をやらされるほうもつらいが、そんな試験を受けなくてはならない受験生はもっとつらいにちがいない。しかし、試験によることがいかに不完全なものであれ、人生で避けることのできない宿命であるとしたら、恐れずこれに勇敢に立ち向かうしか術《すべ》はあるまい。

試験に敢然《かんぜん》と挑むためには、ふだんの努力によって実力を培わなければならない。とりわけ、司法試験、公務員I種試験は、中国の科挙《かきょ》の試験にたとえられ、法曹や上級公務員となるための登竜門である。これらの試験は、採用人員が一定しているため、いきおい落とすための試験にならざるをえない。それに試験は、異なった大学で学習しそれぞれ違った学力や才能をもった者が受験する競争試験、昔流にいえば他流試合であって、激しい競争がくりひろげられることになる。

就職試験も短期決戦のいわば一発勝負である。失敗すればあとがないし「待った」もきかない。

余談になるが、中国では合格発表の掲示板を「牓《ぼう》」といい、そこに合格者の名前を書いた札を成績順にかかげたという。その名札が順序よく並んでいることを「第《だい》」といい、のちに合格すること」を第といったという（一海知義・漢語の知識九頁参照）。

この「第」から落ちず〈落第しない〉合格するためには、枝葉末節的な細かい議論のみに走ったり、受験テクニックに腐心し小細工を弄することなく、基本的な学習に励み、基礎的学力を身につけることが肝要だと思う。受験生のなかに、細かい議論をして得意顔になっている者をみかけるが感心しない。さらに、論文筆記試験だと日頃蓄積した実力を答案用紙の上に表現しなければならない。文章は、簡潔で要領よく相手にわかる文章でなくてはならないし、多義的にとれる文章であってもならない。文章には客観性が要請される。表現能力を養うためには、文章のうまい先生の書物を読んで見習うとか、自分の書いた文章を先輩なり友人にみてもらうのもよかろう。

さらに字を知らない者が結構いるのも気にかかるところである。答案をみると誤字や当て字が多い。法律用語ではたとえば、未成年者を未青年者、意異表示を意志表示、当事者を当時者、抵当権を低当権、損害を損害と当て字で書いて平気でいる。弁済や錯誤の字を知らないで平仮名で書く者もいる。こんな調子だから文章の表現力が豊かなはずがない。的確な文章の表現力も普段の訓練と学習によって養成しなければならない。

学ぶ者はつねに孤独である。学ぶ者は孤独に徹し孤独のなかに生きなければならない。そのためには自分に合った規則正しい生活をおくることが大切だと思う。

わたくしは還暦を迎え人生六〇年のはざまに佇《たたず》むことになった。過ぎし日を顧みて感慨深いものがあるが、これからの人生に、その未来を信じ、敢然と立ち向かいたいと思っている。「これが人生というものであったか。ようし！　もういっぺん」。最近の偽らざる心境である。

受験生諸君、若き日々のことを思い浮かべながら試験についての雑感を書きましたが、「第」を目指し、「ようし！　もういっぺん」こんな気概で勇敢に試験に挑戦して下さい。

〔受験新報、一九八八（昭和六三）年〕

5　当世学生用語雑考

まだ見てはいないけれど、今度改訂された岩波の「広辞苑」第四版には、「いまいち」「ぶっちぎり」「断トツ」「ファジー」など若者がよく使う新しい言葉が収録されているそうである。言葉が時代の流れや文化の影響によって造られたり変わるのは仕方がないにしても、それが社会的に慣用化されているものは別にして、特定の仲間や一部の階層の人たちにだけ通用されている言葉は時には日本語の正確さを乱すことにもなる。電車の中で聞えてくる学生の日常会話にはよくわからない言葉が多い。そのはずである。造語や言葉の略語化は、学生の得意芸であるので、彼らだけに通用する学生用語が絶えず造られ、日常生活で盛んに行われるが、そこは、われわれにとっては未知の世界だからである。

学生用語の中でも、多くに知られている「アッシー君」や「貢君」などは、ご愛敬もので微笑《ほほえま》しさがある。先達て、ゼミ合宿の車中で、学生諸君に、このほかの学生用語を教えてくれないかと頼んだところ、次のコメント付きの用語を別紙に認めてくれた。およその意味を理解できるものもあったが、そうでないものが多かった。それには、「マジ」「イマイチ」「ダサイ」等は別として、「バッチグー」

（大変よいこと）、「キチュー」（きつい）、「バツイチ」（一度離婚していること）、「ツーショット」（男女が二人でいること）、「ブッチする」（授業をふける）、「オタッキー」（マイナーなものに深い知識を持っている、マニアックな人）、「タカビー」（高飛車なこと、高飛車な人）、「ケバい」（化粧が派手で、けばけばしいこと）などが挙げられていた。こうした用語が示されると、知らない人にとっては、一見、「ツーショット」はゴルフ用語にとれるし、「オタッキー」「タカビー」などは競馬の馬名のごとき錯覚を覚える。正確さがないからである。学生の日常会話でこうした用語が連発されてもわれわれにわかるはずがない。学生に用語の語源を尋ねようと思ったが、周囲の事情から差し控えた。もっとも、そばにいた一学生は、「私はこのような用語には抵抗を感じますので、使いません」といっていた。今後、政治の場と同じく、言葉の世界でも、言葉を造り変えていく改革派と言葉の伝統を守っていく伝統派とに別れていくかも知れない。先にも述べたように、言葉は時代の流れに沿って造られたり変わっていくものであろうが、他方、言葉は文化や伝統を保っていく重要な要素であるから、正しい言葉を大切にしなければならない。このことを忘れてはならない。

当世の学生は、造語や言葉の略語化の芸に長けているが、敬語の使い方には不器用な者が多い。敬語には、尊敬語、謙譲語、丁寧語の三種類があるが、その使い方を学ぶ必要があろう。敬語の使い方も礼節を保つ作法の一つだからである。身近な例で、通学電車で先輩の名には「さん」付けで呼び教師の名を平然と呼び捨てにしている学生をよく見かけるが、情けなくその教養を疑いたくなる。度が過ぎると、こうした学生を、世間の人が敬意をこめた暖い目でみてくれないことは確かである。

〔ともしび五三号、一九九一（平成三）年一一月〕

6　新入生諸君への挨拶

只今ご紹介に与りました森泉であります。私は民法を専攻しております。挨拶に入る前に諸君達の中に、話を聞く際にチューインガムを噛みながら聞くというのはお行儀が悪いですね。礼儀作法というものも人格の表われですから、また教師が話をするときには、静かにして、話を聞かなければいけません。大学というところは、法学教育といったことをする場ではありますが、同時にまた学生諸君達の人格を陶治していく場でもありますから、はなはだおめでたい席で申し訳ありませんが、一言注意させていただきます。

うちの大学も、他大学と同じように、青山学院大学法学会という会を持っておりますが、現在、私は本法学会の会長をしております。この学会は本学法学部の教職員と大学院の学生、並びに法学部の学生によって構成されております。本会は、法学およびその関連分野の研究とその発表を目的としております。本会が行う行事について、特に諸君達に関連のあるものだけを、ここで事務的に申し上げますと、ひとつにはこれは、うちの先生方の研究を青山法学論集という論文集に刊行します。この論集は、季刊ですから年四回公刊され、諸君達にも一冊づつ配付されることになっております。それから第二番目には、諸君達のために講演会を大体年二回ぐらい開催して、著名な先生をお招きして、有益な講演を致します。それから第三番目には、暑中休暇を利用いたしまして、諸君達から懸賞論文を募集いたしまして、勉学の指導をしていこうという行事を行っております。懸賞論文は、大体七月八月の暑中休暇を利用いたしまして、九月の末ぐらいが締め切りであります。どうぞ新入生諸君もこぞって懸賞論文に応募していただきたいと思います。それから第四番目には、法学会にも相当研究資料等を持っておりますので、研究資料の閲覧をすることができます。このような行事を行うわけですが、そのためには財源が必要なわけであって、諸君達にも確か入学の時に、若干の会費を納入していただくことになるかと思います。以上が、事務的な法学会の話ですが、他方、会長としまして、諸君達にお祝いの言葉と思って用意してきたのを、ご挨拶にしたいと思っております。諸君達は法学部に入って来て、法といった字を見た場合、いったいこれはどういった意味があるんだろうかという語源を考えてみた方がありますか。さんずいに去るという字が書いてありますが、こちらの方の氵（さんずい）」は水であって水は平でありますから公平を表しております。それからこの去るといった字は何かというと、これは高梨公之先生（故人）の受け売りでありますが（高梨法曹夜話より）、法という字の語源を後漢の許慎は「ただす」であるといっております。ここで法という字の原字を書いてみますと「灋《ホフ》」という字からきています。これは推薦状の薦という字ですね。その下に去るという字を書くわけであります。「灋」の字から草冠をとります。そしてさらにこの字から去るという字をとったといたしましょう。この字「廌」を中国ではタイといって、神獣、神様が授けた獣なんですね。このタイという動物、神獣は羊とか鹿によく似ているといわれているわけですが、このタイという神獣に不正直とか不正義な人が手を触れますと、黙って去っていくというんです。法という字の「さんずい」は、水、つまり公平を意味しています。ですから恐らく、去るという字は、廌は神獣で不直者が触れると去っていくという意味で正義の方を指しているのではないかと、いわれております。このように、法という字は、公平と正義を表していると、語源から法という字を説く学説もあるわけです。しかしこういった学説はおかしいのではないか、むしろ中国の古い甲骨文字の方から来ているのではないかといったふうな新しい学説も出ておりますが、まあ一応私の知っている範囲で皆さんにこの字をご紹介したわけであります。

そこで、法はいまいったとおり、公平と正義を表しているわけでありますが、諸君達にも正義の女神といってユスティニアヌスの像を見たことがあると思いますが、その女神は目隠しをしておりまして、一方の手には秤を持って、他方の手には剣を持っております。この剣は何か、この秤が何かといったことは、直ぐ理解することができるとは思いますが、もちろん剣の方が正義であって、秤の方が公平を表しているということであります。そしてこの正義の女神に関連しまして、ドイツの著名な学者イエーリンクは、彼の著書「権利のための闘争」、この本を本学の小林孝輔教授が翻訳しておりますが、その著書の中で、「秤のない剣は暴力であり、剣のない秤は法の無力である」と言っておりますが、まさに法の本質を的確に表現している言葉であると思っております。そこで私がここで諸君達に訴えたいのは、法学部の学生として、特にまた学んでもらいたいのは、後の方の秤の方であります。つまり、公平の方をしっかりと学んでもらいたいわけでありますが、特に現実の社会といったものを見つめてみますと、非常に複雑な構造を持っておりますし、同時にまた企業対消費者、あるいは企業対労働者、そうした相対立した利益が錯綜して存在しているわけです。もし法が一方だけの利益に片寄ってしまいますと、公平さを欠き法自体の信頼といったものが失われてしまうわけであります。やはりそのような意味で、大学における法学教育の目的は、法的知識を与える場ではなく、リーガルマインド、法的思考といったものを教育する場であるといわれております。

　では一体何が法的思考か、何がリーガルマインドかといったことは非常に難しいわけでありますが、一言で申しますと、広い視野に立って社会的な事象を客観的に認識したうえで、論理的な筋道を立てて、特定の利益に片寄ることなくして、相対立する利益を法律的に調整していく、そういう総合的な判断能力のことを、これを私達は法的思考、リーガルマインドと言っております。ですから四年間、特にそういう意味でもって法的思考といったものを養成していただきたいと思っております。それから先ほどいいました正義の女神が目隠しをしていることについては、いろいろといわれているわけでありますが、ひとつには裁判官は世事に疎い、たまには目隠しを外して世の流れといったものを見よ、という面があります。また目隠しをした女神は公平を表しております。公正を要求しているようにもいわれております。日本の国でも、京都所司代の板倉重宗という人は、障子を隔てて訴訟を聞いたといった故事が伝えられておりますが、やはりこれも正義の女神の目隠しと同じ意味を持つものである、と思います。

限られた短い時間がきました。終りに、教場でまたいろんなお話しもできるかと思いますが、最後に諸君達に申し上げたいのは友情といったことを大切にせよ、ということです。なぜ私がそういったことを申しますかといいますと、学生時代における友情というものは、学問を通しての友情ですから、利害打算がなく、尊くて非常に純粋なわけであります。ですからぜひこの友情を大切にして有意義な学究生活を送って下さい。新入生諸君、重さねて申しますが、これから四年間、友情と先程申しましたリーガルマインドをうまく結び合わせて悔いのない大学生活を送って欲しいと思います。簡単ですがご挨拶に代えさせてもらいます。

〔青山法学会主催・新入生への挨拶、一九八〇（昭和五五）年四月〕

7　ロンドン滞在記

私は、青山学院の在外研究員として、一九八九年六月二二日、イギリス信託法研究のため、勇躍、ロンドンへ旅立った。昨今、メイトランド（F. W. Maitland）の一連の信託に関する論文を翻訳し、イギリスの信託の素晴らしさをある程度理解していただけに、このたびの在外研究は期するところ大であった。とりわけメイトランドの人と業績の足跡を辿りながら研究を深化させたいという目的があった。胸をふくらませてロンドンに赴いたことはいうまでもない。

知人の紹介で、地下鉄ノーザンラインのベルサイズ・パーク駅近くのプリム・ローズガーデンに2LDKのフラットを借りることができた。東京でいえば吉祥寺か荻窪辺にあたり、都心に近く、買い物にも便宜な閑静な住宅街である。ロンドンの住宅費が東京並みに高いのには驚いたが、ワインや野菜・果物等の値が安かったのは、生活を安堵させた。天候に恵まれ快適な生活を送ることができたが、一か月半の間、毎水曜日、地下鉄ストによって足を奪われたのには閉口した。ロンドン市民の暮らしは決して楽ではないようである。

僅か三か月の滞在では、イギリス人のものの考え方、生活様式など十分知ることはできないが、一見感じたことは、古い伝統・文化と身分階層（格式）のなかで、個人主義思想を支えにして、つつましく、辛抱強く生きている国民であるということである。こうした人柄が生活のなかで、ときには長所として目に映り、ときには短所として悪くみえるのもやむをえないことであろう。長所として、イギリス人が司会をすると、フェアでしかもビジネスライクに行うとか、規則に忠実であるとか、時間を厳守するなど見習うべき点があるが、他面、コミュニティ意識が稀薄にみえるなど気にかかる点もある。私が三か月の滞在生活で書き綴った日記のなかから三点ほど拾い、これを紹介する。

リンカンズ・イン

七月〇日　大学の同期で弁護士をしている松嶋泰君が、娘さんがケンブリッジ大学を卒業するというので、六月下旬からロンドンに来ていた。愛娘の真澄さんは、法学部を終えて、バリスター（barrister. 法廷弁護士）になるため法曹学院（the Inns of Court. 日本の司法研修所にあたる）の一つであるリンカンズ・イン（Linceln's Inn）に入ることになったという。リンカンズ・インはメイトランドも学んだ由緒ある法曹学院である。イギリスでは、古くから四つの法曹学院があり、この学院のいずれにも属しない者が、そこにおいてバリスターの資格を受けていない者は、上位の裁判所で弁護士として実務に携わることができない。

ところで、リンカンズ・インでは、バリスターの卵たちが入所すると、年に三〇回とか現職のバリスターと夕食を共にしなければならないという古い仕来りがあるそうである。七月初旬のある日、松嶋君から電話がかかってきて、七月一四日七時、リンカンズ・インのバリスターたちの夕食会に、バリスターの卵の縁故者二人に限って列席を認めてくれるそうだから、一緒に出てみないかという誘いがあった。松嶋夫人の強い勧めもあった。リンカンズ・インは、ふだん外部の人を中に入れてくれないということを仄聞していたので、遠慮もなくチャンスとばかりに有難く連れていってもらうことにした。

当日、地下鉄のテンプル駅で松嶋君父娘と待ち合わせをし、真澄さんの案内でリンカンズ・インを訪れた。リンカンズ・インの起源は、一二、三世紀頃であろうといわれているだけに、その建物は古色蒼然たるものがある。私は、翻訳したメイトランドの名論文『信託と法人』(日本評論社)にリンカンズ・インがでてきたのをすぐに思い出した。その部分を紹介すると、「ベーデカー旅行案内書を携帯し、イングランドの法曹学院のひとつ、たとえばリンカンズ・インを訪れる外国人旅行者を想像してみる。彼は法曹学院の礼拝堂、図書館、大食堂を見物する。夜間には閉められる外門を見物する。それは、オックスフォードやケンブリッジで彼が見聞するかも知れないカレッジと多くの点で酷似している」(前掲書九三頁)と。まさにそのとおりである。

私たちは、六時過ぎにリンカンズ・インに入った。談話室のようなところでコーヒーを飲みながら夕食を待った。この間に、真澄さんはノースリーブの黒いガウンを身につけてきた。六時半に大食堂に入った。そこは天井が高く、古びた壁には著名な法曹家の肖像画が沢山飾ってあった。メイトランドの肖像画を探すことはできなかった。大食堂には、私たちのために、縦に五列のテーブルが並び、前方横二列には中堅のバリスターと思われる黒いガウンの人たちが早早ワインを傾けていた。私たちは右側の前方の席についた。親近感を覚えたのであろうか、まもなく私たちの周辺に、インドや東南アジア系と思われる髪の毛の黒いバリスターの卵とその縁故者たちが集まった。テーブルの上のいくつかの大皿には料理が盛られていたが、参加者全員が手をつけず、長老バリスターの登場を待った。

七時ちょうど、司会者が拍子木をトントンと叩くと、正面の大きな戸が開いて、長老のバリスターが同伴で入ってきた。全員起立をし、バリスターが次々と入ってくるたびに最敬礼した。長老のバリスターは上段の席に着いた。祈禱のあと食事が始まった。私たちのグラスには赤ワインが注がれたが、それだけに終った。大皿に盛られた料理を小皿に分けた。前方の横のテーブルにはワインやビールの瓶が林立し、ボーイ付きで飲んでいた。料理もわれわれのと違うようである。愛酒家（私）にとって一杯のワインではちょっと淋しかったが、郷に入りては郷に従えで飲食の楽しみを諦めた。夕食会は会費制であったのに、食べ物や飲み物で差がつけられるとは思わなかった。長老バリスターのマナーや態度を見ていると、なんとなく、彼らは「わしらのようにワインやうまいものを飲み食いしたかったら勉強して早く偉くなれ」ということを誇示しているようにも思えた。そうだとしても、このとき私は実際にイギリスの身分階層制の根強いことを感じた。

日頃のイギリス人の辛抱強さは、身分社会という陋習の規制に耐えているところからきているのかも知れない。若い優秀なバリスターが流出し、アメリカで活躍していると聞くのも、この辺にも原因があるのであるまいか。

しかし、東南アジアの人達と談笑のうちに夕食会を過ごしたのは楽しかった。八時三〇分に司会者の拍子木が鳴り、祈禱をしてお開きとなった。出て行く長老バリスター一人一人にお辞儀をしたことはいうまでもない。

へそくり談義

八月〇日　日本人を妻にもつイギリス人のエイベルさんからお茶に招かれた。エイベルさんとは同僚の紹介で知りあった。エイベルさんはユーモラスで気さくな御仁である。隠居仕事に在住日本人に英会話を教えている。大変な愛酒家でもある。その日は私のほかに日本人女性とイギリス婦人の二人が招かれていた。裏庭にテーブルを出して茶飲み話に花を咲かせた。
エイベルさんは、奥さんが日本人なので片言の日本語を得意顔で話す。エイベルさんが冗談半分に（私の家内のことを念頭において）「へそくりをしていますか」と聞いたことから、へそくり談義と相なった。初めのうちは、話がなかなか合わなかった。私が、日本では給料が銀行振込みになってきたことから、サラリーマン家庭の多くは、財布は女房が握り亭主のほうがへそくっているし、このような亭主族がふえて、私もその一人であるといったら、エイベルさんは大変怪訝な顔をした。それもそのはずである。イギリスでは亭主が財布を握っているから女房がへそくっているのである。イギリス人は徹底した個人主義思想の持主だから、給料は働いて稼いだ亭主のものだと思いこんでいる。このとき私は、実際にイギリスでは亭主が週単位で女房に生活費を渡している家庭が多いことを知った。

私は、エイベルさんに、日本でもまだ亭主が財布を握っている家庭もあるが、多くは夫の得た収入は妻の協力によるものであるという生活共同体的な意識が働いて、収入を共有財産として妻に渡しているのだという説明をした。しかし、エイベルさんにはよく理解できなかったようである。ふと私は、共同体＝コミュニティなるものに対する認識について、イギリス人と日本人との間に大きな開きがあるように思った。個人主義思想に培われたイギリス人は、社会生活において、いかなる共同体に関係するかどうかは個人が決めるべきであり、否それどころか共同体に入り込んでしまうのを嫌がっているようにさえ思える。イギリス人は、国家といえども個人を呑み込んでしまうことはできないのだという意識を強く抱いていると思う。これも一つの生き方であろう。

どちらかというと、日本人はコミュニティ意識に敏感である。だからこそ、日本人は、たとえば町内会をつくって、防災活動やきれいな街づくり運動を行ったりしている。ロンドンではこうした活動をみることはできなかった。私が住んだところは閑静な住宅街であったが、街の道路は犬・猫の汚物やゴミで必ずしもクリーンではなかった。

紙幅の関係上そろそろ筆を折らなければならないが、イギリス人は、今後も古い伝統と格式のなかで、自尊心をもち、個人を主体とした生活を忍耐強く営んでいくのであろうか。もし彼らがコミュニティに対する認識をもったときはより素晴らしい人間性を形成し、社会全体に深い関心を示すことであろう。日本人はコミュニティを重んずる余り、個人を軽んじてはならない。

個人のみを重視し、コミュニティを蔑視することなく、また、コミュニティにのみ重きをおき、個人を蔑視することなく、両者の調和を求めて生きていくことが、真の幸福への道であろう。私たちはあらゆる場において「共同」をとおして生活しているからである。こんなことを思ったロンドンのある一日だった。

〔公益法人一九巻二号、一九九〇（平成二）年〕

デインティス教授に会う

八月〇日　ロンドンも炎天の日が続く。しかし、大気が乾いているから凌ぎやすい。今日は、ロンドン大学高等法学研究所（University of London-Institute of Advanced Legal Studies）の所長デインティス教授と午後一時に会うことになっていたので、先に在外研究にきている同僚の山崎敏彦君（教授、民法専攻）と一一時半に地下鉄グヂュストリート駅の出札口で待ち合わせをした。山崎君からこの日のために通訳してくれるという嬉しい申出を受けていたからである。

連れ立って大学へ向う途中、諸肌《もろはだ》の屈強な男たちがビルの修理工事をしていた。ほとんどが腕や肩に入れ墨をしていたのに驚いた。これはアクセサリー代わりだそうである。外国で生活をしていると、見るもの、聞くもの、食べるものなんでも珍しくまた楽しい。

会う前に大学の学生食堂で昼食をとることにした。天井の高い大食堂である。すべてセルフサービスであるなど全く日本と同じである。食堂に二〇歳前後の日本の若者たちが大勢いたのにびっくりした。こちらの大学に入りたくて来ている者が多く、しかし、大学受験資格の検定試験が難しくこれをパスできない者がほとんどだそうである。日本の大学受験失敗組がかなりいるようである。単なる英語だけの勉学を口実に来ている者もあると聞く。彼らを見ていると、なにかだらだらしていて生気を感じない。外国に勉学に来た以上、目的を定めこれに向って精進する心がまえが肝要であろう。目的のない行為はデカダンスである。人生の落後者にならなければよいがという懸念さえ感じた。

こんなことを雑談しているうちに約束の時間がきたので、所長室を訪れた。デインティス教授は温かく迎えてくれた。私は、教授に、若い学究とイギリス信託法の共同研究をしている旨を伝え、御教示あずかりたいことを願った。専らイギリスの信託が話題の中心となった。

イギリスの信託理論

私は、メイトランド（F. W. Maitland. 1850～1906）の信託に関する一連の論文をとおし、メイトランドが歴史的事実と社会的経験にふまえて説く理論の偉大さに深い感銘を受けたことを述べた上で、素晴らしいイギリスの信託理論を讃えた。そこにおいて持参したメモを片手に語ったイギリス信託の基本と特色はおおよそ次のとおりである。

――現代の信託は中世のユース（Use）から発達したものである。そのユースという法律制度の創始が、ローマから伝承されたものか、イングランド固有のものか争いがあるが、動産に関するユースが代理の起源をなし、不動産に関するユースが信託の起源をなした。この信託の起源についてみると、一三世紀、ヘンリー三世は、一連の教会への土地の寄進を禁止する法律を制定した。土地の寄進を認めると、領主は教会の土地に干渉できず、年貢などを徴収できなくなるからである。しかし、人々は死後の霊魂を救うために教会へ土地を寄進したいと願う。そこで、人々は土地を教会へ寄附する代りに、第三者に土地を譲渡し、第三者に教会のために土地を管理させ、その収益を教会に納めさせた。これが不動産に関するユースであり、近代の信託の原型なのである。その後、ユースは土地遺贈の禁止を回避するために、また、相続の際、領主へ収める上納金など封建的負担を免れるために利用された。ついで、十字軍の遠征にでかける将兵たちは、戦争に負けると土地が没収されてしまうので、その家族のために、土地を第三者に移転できるユースを利用した。

ユースはこうした慣行のうちに生成していくのであるが、普通法によって認知されず、衡平法によって保護され、信託受益者は大法官府裁判所の寵児となった。その後、一六世紀にヘンリー八世は、ユース法（Statute of Use, 1535）を制定し、受益者を土地所有者とみなすことによって、これを禁圧した。人々はこの法律の適用を回避するために、二重ユースという、いわば脱法行為ともいえる法技術を考案し、これに抵抗した。その後、一〇〇年を経てユースという用語に代わって、人と人との信頼を意味するトラスト（信託）という用語が生まれた。これが近代的信託である。

信託は人と人との信頼関係である。受託者は他人の財産を管理するものであるから、当然高度の忠実義務が課せられることになる。しかし他面、受託者は、形式上は普通法の権利を取得しているものとして扱われるから、ときには信託財産を処分したり、横領したりして、背信行為を行うことがある。かくして、良心の守護神である大法官府裁判所は、受益者を保護するために、いろいろな手段を講ずるにいたる。その手法は、一口にいうと、財産の権利移転を土台に、受託者に高度の忠実義務を負わせることによって、受益者の権利を浮かび上らせていく迂回的な方法である。信託財産を手厚く保護することによって、受益者の利益を守る方法といってもよい。このような手法を背景に、受益者保護を貫くイギリス信託理論のいくつかの理論をあげてみよう。この理論はわが国において範としなければならない。

①　推定悪意の理論（doctorine of constructive notice）

これは、たとえば、受託者が信託に違反して土地を譲渡した場合、信託財産と知って（悪意）しかも無償で当該土地を取得した者は、委託者の意思に従って信託を履行する義務があるとされ、受託者となると擬制する理論である。こうして受益者のために、不誠実な受託者に対する単なる損害賠償請求を認める以上の効果を与えてその救済をはかっているのである。しかしこの理論からすると、善意有償の取得者には対抗できないことになる。

② 信託基金（trust fund）

右のような信託によって保有される物が、第三者に譲渡されるのは、土地以上に動産について起こりうることである。動産取引については、その性質上推定悪意の理論を拡張することは難しい。他方、善意有償の取得者には対抗できない。そこで、大法官府裁判所は、受益者のために「信託基金」の概念を構成した。信託によって保有される財産が金銭に姿を変えても「信託基金」として同一性を維持しているというのである。「対価は物に姿を変える」「物は対価に姿を変える」といってもよい。たとえば、信託財産である土地が一〇万ポンドで処分された場合、その一〇万ポンドの金銭が信託財産を構成するのである。メイトランドによれば、大法官府裁判所は、原形は変形しても同一性を維持しているとし、しかも普通法の適用を免れるために、「信託基金」を一種の「無体物」（incorporeal thing）として取り扱ったとしている。

また、受益者を保護するために、たとえば、受託者が「信託金銭」（trust money）を自己の金銭と一緒にして使ってしまった場合、受託者は、他人の金銭ではなく、自己の金銭を使っていると考えられる。このように、受益者は、信託財産のほんとうの所有者といえないまでも、単なる債権者より厚い保護を受けている。

③　構成信託（constructive trust. 擬制信託ともいう）

たとえば、Ａが対価を横領する目的で他人の財産を処分し、その金銭を株式に投資したところ、それが大いに値上りし利得を得た場合、その横領者は、法律上受託者として、元金はもちろんその株式の値上りによって得た収益も被害者に返還しなければならない。構成信託という法技術によって不当な利得を得た者からその利得を吐き出させるのである。法があたかも信託をつくりあげる、あるいは組み立てるという意味で構成信託というのである。構成信託は「法定信託」の一部であるが、わが国では例外的にしか認めていない。

④　信託と法人格なき団体

信託が多くの非法人団体に利用され、法人格付与の代用の機能を果たし、不十分な法人法を広く補充したことは周知の事実である。古くから信託を利用し、信託という障壁の背後で存続し、繁栄してきた非法人団体の数は多い。その代表的なものをあげると、非国教会派教会、法曹学院、ロイド海上保険協会、ロンドン証券取引所、労働組合などがある。なお、信託が非法人団体につき、いかにして法人の代用の機能を果たしえたかについては割愛する。

⑤　公益信託（charitable trust）

イギリスでは、ドイツにおけるような「財団」（Stiftung）や「営造物」（Anstalt）の観念を知らない。これに代るものとして古くから「公益信託」が普及したからである。一六〇一年の法律によって公益信託の基礎が確立され、多くの「目的財産」（Zweckvermögen）などは公益信託を利用した。とくに、財団法人を知らないイギリスでは、公益信託が財団法人に代わって素晴しい機能を発揮した。両者を対比してみると、財団法人は、法人という権利主体形式をとるものの、実質的には、たとえば育英事業のために出捐された寄附財産は、寄附行為者の手から離れて、理事という代表者によって管理運営され、育英資金が受益者である学生に渡される。

他方、公益信託は、たとえば、委託者Aが育英事業のため目的財産〈信託財産〉の管理・所有を受託者Bに移転し、Bは受益者である学生Cの利益のために、特別に定められた方法によってその財産を管理する義務を負う法技術である。両者は、法形式こそ異なるが、公益目的のために捧げられた財産が人によって管理運営される点では全く同じである。イギリスにおける信託の設定は、わが国におけるような委託者と受託者との間の契約関係ではなく、信託財産を信託目的による拘束を加えつつ、自己の財産圏から分離する行為と考えられている。つまり、委託者の意思は、信託目的として信託財産に化体し、委託者は、信託関係から離脱することになる。信託が設定されると、信託財産は委託者の手から離れてしまうことになる。この点、寄附行為者が財産を出捐すると、その寄附された財産が寄附行為者の手から離れ独立の目的財産になるのと似通っている。寄附財産も信託財産も一定の目的によって拘束されるという点も同じである。

ところで、イギリスにおける信託の設定は、財団の設定に類似している。イギリスの公益信託は、先に述べた「推定悪意の理論」「信託基金」「構成信託」等の信託理論に支えられ、公益活動の実施に十分に寄与しうるものである。それにしても、ロンドンで公益信託による公益活動を実際に見聞しえなかったのは残念であった。

イギリスの信託は実に素晴らしい。それはメイトランドが晩年に友人に宛てた次の書簡に見ることができる。すなわち、「(前略) 世界に対し誰かがわがイングランドの信託を詳細に説明しなくてはなりません。私は、人類が法律学の分野において成し遂げた最も偉大な業績は信託を創りあげたことだと考えるからです。私にこのことができるかどうかは、まだわかりません。けれどやらなければなりません」を結びの言葉とした。

こうして、約一時間にわたるデインティス教授との会談を終えたが、教授は、自国の優れた信託理論にあまり気付かれていなかったように思えた。イギリスでは、現在、信託に関する研究が活発になされていないのかもしれない。名通訳を務めてくれた山崎君の額にはうっすら汗がにじんでいた。ただ感謝あるのみである。

〔公益法人一九巻四号、一九九〇（平成二）年〕

第二部　師恩の道　友誼の道

1　我妻先生と法人論
――我妻栄先生を悼む――

日本法学界に輝く星

この一〇月二日の法制審議会の公益法人準備会であれほどお元気だった先生が、忽然としてこの世を去られてしまうとは。まことに悲しみにたえない。とともに、まさに世の儚なさと無情を感ぜざるをえない。

私は、大学が仙台だったので、学生時代、我妻先生のお教えを直接うけなかったが、「ダットサン」の愛称で親しまれた『民法Ⅰ・Ⅱ』や大著『民法講義』などのご著書によって、先生には時を隔てて私淑してきた。その後先生の不朽の名著『近代法における債権の優越的地位』（昭和二八年）を読み、深い感銘をうけたが、とくにその序文に書かれた先生の学問に対する限りない情熱、苦悩、きびしさに名状しがたい感動をうけたものだった。それはまだ心の奥底に生きつづけている。先生は、日本法学界の空に輝く数多い星のなかで、一段と光芒を放った巨大な星であった。

光栄にも私が先生のおそば近くで勉強するようになったのは、昨年二月、先生のご推薦があって法制審議会の幹事となり公益法人制度準備会に列席した時からである。準備会では、先生は常ににこやかな温顔で、公益法人制度の問題点を鋭く指摘されやさしく説明してくださったし、私たちに対する質問も的を射たものであった。先生の蘊蓄ある学識と精緻な理論にたえず感服のしどおしであった。駆け出しの私は、先生にひきずられて、ドイツ・スイス・フランスなどの公益法人制度を懸命に勉強した。約一年半という短期間ではあったが、先生の暖かいご指導に接しえたことは、終生忘れえぬものがある。

右のような事情があって、当協会より先生への哀悼の辞をこめて「我妻先生と法人」という原稿の依頼をうけたわけでる。他に由緒あるかたもいるのに、わたくしが筆をとることには、師事浅いものとして躊躇を覚えるが、受けた学恩に報いるために、また、ご冥福の祈りとして筆をとらせていただいた。

「社会的作用説」で結実

法人に関する問題は多岐にわたる。したがって、ここでは主として、法律上独立の権利主体とみとめられる法人の本質を、我妻先生がいかに理解されていたか、いわば我妻法人論、法人観なるものを紹介してみたい。

法人をいかに理解するかは、その人の世界観ないし人生観に深く根ざしているだけに、深遠な問題である。世界観ないし人生観に根ざしているということは、人格者の本質に関する法律価値論、法律方法論につらなる問題でもある。同時に、法人論は各時代の団体思想を反映したものであるから、団体思想が主張される歴史的社会的背景を無視することはできない。それゆえに、法人とはなんであるかについて、一九世紀初頭以来、近代法学における最大論争の一つとして、多くの学者によってはなばなしく争われてきたのである。

法人理論は、明治以降わが国の法学に導入され、当初は擬制説の影響をうけていたようであったが、その後、ドイツのギールケの団体理論の影響をうけて、法人実在説が主張され、それは学説の主流となり、今日にいたるのである。学説史的には、それは鳩山秀夫博士、石田文次郎博士などによって主唱され、我妻先生のいわゆる「社会的作用説」によって開花結実したといってよい。

ところで、我妻法人論をみるまえに、わが国の団体法理論に最も理論的影響を与えたギールケの団体理論を眺めてみよう。彼による団体の根本原理は、「個人法と社会法との交錯」「全体における単一性と複多性」にあるといわれる。この原理を端的にいえば、団体と個人（団体の成員）との関係について、団体（全体）を絶体視する全体主義も、個人を偏重する個人主義も、双方とも排斥し、全と個との相互依存、両者の調和を図ろうというのである。

まさに、彼が喝破する「人の人たるゆえんは、人と人との結合にあり」と同じ趣意であろう。この団体思想がわが国に導入され団体思想に影響を与えたのである。そこで、右理論をさらに進展せしめた我妻理論をみよう。

不滅の我妻法人論

我妻先生は、自説「社会的作用説」について、ドイツのコーラー、フランスのデュギーに負うところが多いといわれているが、ここで我妻理論の要約を紹介してみたい。我妻先生は、昭和初期より今日にいたるまで一貫して次のようにいわれる（民法総則による）。

すなわち、団体はいずれも、「その内部においては、構成員の自由活動をある程度まで抑制するとともに、外部に対しては、構成員個人が個々に有するよりははるかに強大な力を発揮することができるので、個々の力をもってしては完全に達しえない目的を達成することができ、したがって、人類文化の発展のために、欠くことのできない作用をする。

一言にしていえば、人類社会の生活関係は、複雑な団体構成と団体交渉との関係であり、そして、各種の団体は、それぞれ個人の達しえない『社会的作用』(fonction social) を担当する」といわれる。かくして、右の団体思想に基づいて、法人の実在する本質は、決して擬制されたものでなく、「個人以外に、これと同様に、一個独立の社会的作用を担当することによって、権利能力の主体たるに適する社会的価値を有するもの」であるといわれる。

つまり、独立の社会的作用を担当する集団が法人の実体だとすれば十分で、それ以上のことは法律学の問題ではないといわれるのである。法人実在説の立場にたちながら、ギールケが社会的有機体をもって法人となすべきだとした理論（有機体説）をも批判しつつ、法人の本質をその担当する社会的作用のための社会的価値に求められたのは、彼の理論をさらに大きく踏み出したものとして高く評価されなければならない。そして、それはまた、先生の法思想の一顕現でもある。

近時、従来の法人理論が再検討され、法人の法技術性が強調されつつあるし、法人論争の終結を説くものもある。それは時代の団体思想の反映であるかも知れないし、学問の進歩であるかも知れない。しかし、一時代を風靡し、現在なおわが国民法学の主流をなしている我妻法人論の「社会的作用説」は、先生の思想とともに、不滅の光を輝かしつづけることであろう。

＊　　＊　　＊

先生はもうこの世にはおられない。公益法人制度の改正問題ももう一歩というところで先生は逝かれてしまった。先生は心残りだったにちがいない。先生の残された最大の遺産である我妻民法という土壌の上に、われわれは、新しい理論を芽ばえ開花させることを誓い、哀悼の意を捧げるとともに、先生のご冥福をお祈り申し上げるしだいである。

〔公益法人二巻一一号、一九七三（昭和四八）年〕

2　中川善之助先生と利息制限法

学生時代、中川先生の蘊蓄ある家族法講義に魅せられた一人である。それはわたくしに民法学の勉強を続けさせる一つの契機となったほど強いものがあった。幸い、卒業後先生の門下生の一人に加えていただき、末席をけがすことになった。その助手時代、先生の学風を慕って家族法の研究をする先輩同僚が多かったが、それは師に教えを仰ぐ弟子の学問に対する道であり自然である。この点わたくしは異端児的であった。わたくしが法人をテーマに選んだのは、法人論が占有理論とともに未開拓の分野であるときいていたので「よし一つ挑戦してやれ」という血気にはやった気持と、門下生のうち一人ぐらい財産法を選んでもという身勝手な気持からであった。このことをおそるおそる先生に申し上げにいったら、「ギールケやイェリンクの古典を読んだらどうかね、古典のなかにも今日活用できる理論があると思う」というようなことをいわれたのを覚えている。「盲蛇におじず」もいいところで、いざ法人の研究を始めてみると、極めて難解でこのテーマを選んだ関係上、義理にもいえた筋ではなかった。そこで、窮余の策として法人研究に真正面から立ち向うことはやめ、法人の裏面ともいえる権利能力なき社団の研究をすることにした。しかし、これとて容易ではなかった。先生は不肖の弟子と諦められたのか細かいことはなにもいわれなかった。

爾来、団体法研究を始めて今日にいたるが、いまにして思えば先生のおっしゃったギールケやイェリングの勉強をもっとしておけばよかったと悔んでいる。

わたくしは、助手を終えて静岡へ赴任し、さらに福島大学へと転任したが、その頃、民商法雑誌などから利息制限法に関する判例研究を執筆依頼されたことを機縁に、高利契約法にも次第に興味を抱くようになった。法人研究のかたわら利息制限の研究に携わってみると、奇しくも、中川先生が若き日高利契約法の研究に情熱を燃やされたことを知った。ちなみに「利息制限法の社会的価値」（中央法律新報一巻一七・一八号大正一〇年）、「利息禁止論の実効と其破綻」（中央法律新報一巻一九号大正一〇年）、「判例高利法」（法律時報三巻八号昭和六年）など数多くの諸論稿を発表されている。諸論稿では、一貫して高利契約の抑制を主張され、ことに判例が利息制限法は農村における米穀貸借に適用されないとしたことに、深い憂慮を示され、これを厳しく批判されている。わたくしは、当時なぜ先生が利息制限の研究から多くの教えを学びとったことはいうまでもない。わたくしが先生の高利契約法の研究をなさったのかいつかおききしようと思っていたが、遂にその機会を永遠に失ってしまった。

ところで、わたくしは、発表したいくつかの論稿をまとめて、昭和四七年、一粒社より単行本『判例利息制限法』として公刊した。その際、親しい先輩や友人たちが、出版を祝って祝賀会を開いてくれた。中川先生は喜んで出席して下さるはずであったが、あいにく学長職務の関係があって見えなかった。しかし、金沢の地から、「ボクモワカイコロ、オナジテーマニ、ジヨウネツヲモヤシタコトアリ、カンムリヨウ、ハルカニゴセイカイヲシユクス、ゼンノスケ」の慈愛こもった祝電をいただき本当に嬉しかった。利息制限法の公刊によって学恩の一端に報いえた喜びを感じた。不肖の弟子であり、異端児的でもあったわたくしが、奇しくも、師が若き日に情熱を燃やした利息制限の研究を、小著ながら一冊の本としてこれを引き継いだ結果になったことは、なにか宿命的なようなものを感じてならない。

ともあれ、先生が残された中川法学という土壌の上に、より美しい真理の花を咲かせることを誓い、先生の御冥福を謹んでお祈り申し上げる次第である。

〔法学セミナー刊「中川善之助――人と学問」、一九七六（昭和五一）年〕

3　折茂豊先生を偲んで
――人生と学問の一齣――

折茂先生は、本年一月八日、心筋梗塞症のため、享年八二をもって、その碩学の生涯を閉じられた。長身にして端正なお姿は、学生時代、学内でしばしば拝していたが、先生の謦咳に接したのは、私が昭和二六年卒業後、中川善之助先生の下で助手として研究生活を過すようになった時である。当時、将棋好きだった私は、かねて先輩助手から先生が将棋がお強いことを仄聞していたので、なにかの用件で先生の研究室にお伺いした折に、お手合せを願った。「君もやるのかね、では近く手合せをしよう」という暖い御返事で、これが機縁となって、後に触れるように、爾後、専門を離れて、先生から将棋はもちろん、親しく鞭撻を受けることになる。

こんなことがあった後、暫くして先生の御自宅にお招きを受けた。先生は、仙台市の東郊にあたる「宮城ノ原」の公務員宿舎に住まわれていた。将棋のほうは、私が余りにも弱かったのか、先生が意外に強すぎたのか、角を落して貰って、その結果は、先生の二勝一敗くらいの成績で終った。その後もしばしばお招きにあずかり、その都度奥様の手料理をご馳走になったことを巨細なく覚えている。

将棋の終った後の雑談のなかでも、とりわけ文学談義が楽しかった。荷風については随分お喋りをした。先生は、荷風文学を愛好し、自ら「荷風贔屓」の一人をもって任じておられた。私も荷風の濹東綺譚が好きだった。荷風によって描かれたお雪のひたむきな姿に感動を受け、荷風ファンの一人であった。荷風贔屓が話しのウマを一層合わせたのかも知れない。先生の愛好家ぶりは、御自身の晩年の随筆集「草の花」（昭六〇、創文印刷社）のなかの一篇「荷風の軸」にも描かれている。お邪魔したある時、荷風の肉筆になるやや古びた掛軸を見せて頂いた。その際、先生は、荷風の書画には贋作が多いのに、思いがけず荷風の直筆を入手できたことに不思議な機縁と喜びを感じますと、嬉しそうにおっしゃられた。

先生は、愛書家であり蔵書家でもある。書斎の一隅には、荷風、鷗外、漱石、潤一郎、杢太郎等の初版、著者サイン入りの垂涎の本が収められている。愛書家の先生は、小説等は殆ど文庫本で読まれ、その貴重本は本箱に飾っておられた。随筆「愛書漫談」（「草の花」所収）に出てくる冬野扇吉君をして、愛書家たるには、「本を読みかけたときは、本の頁を折るな。栞をはさめ」、「本を読みながら物を食べるな」、「夏昼寝の顔に書物で屋根を葺くな」等、その心得を諭されているが、爾後これを範としている。

ところで、助手時代、「法学」の編集を担当しているときに、先生のナマ原稿を拝見したが一字一字やや震えのある独特な楷書書きでマス目を埋められており、精魂を傾けられた原稿とは、こうして書くものかと深い感銘を受けたことをいまでも覚えている。

先生がファンであった実力制将棋名人升田幸三は、「肩書とか、政府がくれる勲章みたいなものは欲しくもなんともないが、将棋指しとして後世に棋譜として遺《のこ》るような将棋を指さなければ駄目だ」と語っていたが、自戒の言葉として心に刻み込んでいる。学問への道と将棋への道とを重ねてみようというのではないが、先生の学問的思想はその根底において升田語録と相通ずるものがある。叙勲を辞され、学にてらわず、自己に厳しく、一方、学問に対する烈しいまでの情熱は、多くの大作となって結実をみる。すなわち、「国際私法の統一性」（学士院賞受賞、昭三〇、有斐閣）、「当事者自治の原則」（昭和四五、創文社）、「渉外不法行為論」（昭和五一、有斐閣）等がある。その著作は、いずれも副題として「近代国際私法の発展」を掲げられており、折茂法学は一貫して世界的規模での国際私法の統一性を目指す。その雄大な構想と整然とした理論は、わが国際私法学における金字塔として輝いている。謹んで孤高の学者折茂豊先生の御冥福をお祈り申し上げる。

「学問や芸術に生きようとする人ならば、孤独を恐れてはなりません」（折茂豊「冬扇居随想」より）。

〔ジュリスト一〇五二号、一九九四（平成六）年〕

4　田中實先生を偲ぶ

田中實先生は、この七月二九斐、忽然としてこの世を去られた。長身にして端麗、あのダンディーな姿を拝することができなくなったことは洵に寂しい限りである。

学会の折には、しばしば先生をお見受けしていたが、先生の謦咳に接したのは、確か公法協が創立された昭和四七年頃ではなかったかと思う。すなわち、公法協が民間公益活動の旗手としての役割を担うというその目的に共鳴して、田中先生が理事として、私が顧問として参加したときである。公法協が設立された頃は、三田の公法協の事務所で公法協主催による「現行法と公益法人の在り方」、「公益法人の存在意義と今後の問題」、「公益信託」などの座談会や研究会が常時開かれていた。林修三先生（故人）や田中先生を中心に活発な議論がなされ、それは和気あいあいのうちに行われた。私にとって楽しい行司の一つであった。田中先生は常に偏らない論旨明快な発言をなされていた。温顔に笑みをたたえて物静かに話す語り口には、温厚篤実なお人柄がにじみでていた。こうした学問を通しての先生とのお付き合いは二〇年有余続いた。先生のお伴をして静岡へ公益法人の実態調査に一日がかりで出掛けたことなども、忘れ得ぬ懐しい想い出の一つである。

先生の学問の足跡は広く、民法の領域を通暁されるだけではなく、信託法に関する造詣も深い。自他ともに許す信託法の第一人者である。先生御自身のお話によると、信託法の研究を始めたのは、大学院で信託法の特別講義をもった昭和二八年だということなので、その研究歴は四〇年に及ぶことになる。そして、公益信託に関心を抱くようになったのは、公法協から公益信託の研究委託を受けた時であるといわれているので、公益信託の研究歴は二〇年に及ぶことになる。先生のこの間における公益信託に対する学問的情熱は多くの労作を生むことによって結実する。『公益法人と公益信託』(勁草書房)、『公益信託の現代的展開』(勁草書房)、『信託法入門』(有斐閣)などがそれである。こうして先生が開拓された土壌には、いずれ後進によって多くの種が播かれ、それはやがて美しく開花することであろう。四宮和夫先生(故人)によって信託法の基礎理論が築かれ、田中先生は理論を深化、発展させた。信託法の分野に寄与した功績は計り知れないものがある。

もう一つ忘れ難い功績は、信託法学会の設立責任者として尽されたことである。昭和五一年初頭、四宮和夫先生を中心に信託法学会の設立が企画された。その年の二月頃から、学界を代表して、在京の四宮、田中、森泉の三名、助手役として新井誠、中野正俊の両君と信託協会の事務局の方とでその準備作業に入った。月に一、二回信託協会に集って午後一時から夜八時頃まで準備作業を行った。学会の規約作りから、会員の加入手続、理事・監事の選任手続に至るまで結構骨の折れる仕事であった。

こうした作業は順調に進み、早くもこの年の一〇月に信託法学会が誕生した。芝の迎賓館で発会式が行われ、ここに第一回信託法学会が開催されるに至った。四宮、田中両先生とも労苦が報われ非常に喜んでおられた。田中先生にとっては、この頃が、学問をはじめあらゆる面において、最も充実した生活を送られたときではなかったかと思う。四宮先生が理事長に、田中先生と私が常務理事に就任した。四宮先生の退任後は田中先生が理事長に就かれた。田中先生は学界と信託業界との関係にも気を遣われ、パイプ役としての役割も果たされた。今日、信託法学会が発展をみせているのは、両先生の功績によるところが大きい。

先生は、民法、信託法に研鑽される傍ら、医事法について深い関心をもたれ、医師と患者の信頼回復のために、『医療の法律紛争』（有斐閣）の著書を公にされた。本書は、医療事故や診断拒否、薬づけ医療、臓器移植をめぐる諸問題について、医師と患者双方の立場から解明するユニークな本である。先生が洞察される目は鋭い。医事に明るい先生が病魔に冒されてしまうとはなんと皮肉なことであろうか。

この六月初旬だったと思うが、駿河台大学へ出講の途次、池袋駅のホームで先生に偶然お会いした。これが先生と最後のお別れとなった。飯能まで車中語り合っていったが、先生は、手術後であり、しかも滋養のある物が食べられないので疲れ易いこと、といって、余り休講にすると学生に迷惑をかけることなど気遣われていた。先生は、私の家の娘や孫のことを聞かれた後、「一人暮らしをしている娘に早く結婚してもらいたいのだが、本人にその気がなくて困っています」と案じておられた。とっさに「よいお嬢様ですから、きっと良縁に恵まれますよ」と申し上げたが、先生の言葉の中にひとしれず娘さんを気遣う親の情を感じ、心温まる思いがした。

先生の学問における業績と人を偲び、謹んで御冥福をお祈り申し上げる次第である。

〔公益法人二三巻九号、一九九三（平成五）年〕

5　遠藤浩先生の人生行路に思う
――人と学問――

芭蕉は、「奥の細道」の冒頭で、「月日は百代の過客にして、行きかふ年も又旅人也《なり》」と記《しる》している。生活をも担い俳諧行脚を日々続ける者にとって、旅は人生そのものであったに違いない。芭蕉は、「みちのく」の俳諧行脚では、出羽三山（羽黒山・月山・湯殿山）には旅をしたが、なぜか米沢には足を延ばしていない。米沢は遠藤先生の生誕の地である。先生は生を享《う》けてこの地から人生へと旅立った。すなわち、一九二一年九月一三日に誕生され、爾来、長い人生の旅路を歩まれ、このたびめでたく傘寿を迎えられたのである。

私事になるが、私は古稀を迎えてか芭蕉が好きになり、いまでは心酔しています。芭蕉の「不易流行」の言葉を心に刻みこんでいる。

米沢は、遙か彼方に吾妻連峰を望み、古く上杉藩政下以来、米沢絹織物業の地とし知られている。また、米沢は、昔から学問、教育の盛んなところと聞いている。古く一六九七年に米沢藩校、興讓館、の設立にこれを見る。いまでも県立米沢興譲館高校として、遠藤先生の母校はその電灯と名声を博している。多くの逸材を輩出したことはいうまでもない。私が笈を負うて仙台に遊学した時、米沢出身の哲学者高橋里美先生が東北大学総長をされていた。米沢出身の学友が、自慢げに、ほかにも我妻栄先生、大熊信行先生（政治学者）がいると、郷土が生んだ大学者を誇っていたのを覚えている。遠藤先生もこの中に一枚加えられなければならないであろう。

ところで、遠藤先生からお聞きしたことであるが、我妻先生と遠藤先生の御尊父とは米沢在住時に隣近所に住み、青年時代から極めて昵懇の間柄であったとのことである。こうしたご縁から遠藤先生は、我妻先生に東大時代から先生がお亡くなりになるまで直接御指導あずかる幸運に恵まれたと喜んでおられた。

私が遠藤先生に拝顔の栄を浴したのは、一九六九年頃、『財産法入門』（共著・一粒社）の執筆の打合せ会の時ではなかったかと思っている。先生は、気さくな親しみやすいお人柄で、以来今日に至るまで学問はもとよりなにかと親しくお付き合いさせて頂いている。

ここで先生の少年期から東大時代にかけての野球にまつわる逸話をご披露したい。この一齣によって先生がいかにして若き日に人生行路を歩まれたかを知り得るであろう。ここで逸話というのは、先生が右の時期に野球選手、後に母校の監督として活躍されたいわば野球人生についてである。先生は、幼少時より肺の持病に悩まされながらも、小学生時代、少年野球の選手として活躍され、米沢は強く全国大会に出場、いつも準決勝、決勝にまで進まれたとのことである。先生は投手として鳴らした。時代は進み、中学時代は持病再発のため、ベンチで観戦し、やがて終戦を迎え、先生は一高を経て東大へと進学されたが、この間、野球人生は一時中断された。東大在学中、持病再発して自宅療養のため帰郷された。自宅療養中、母校より懇請されて、興譲館高校の野球監督に就かれた。先生は一九五一年（昭和二六年）から三年間就任された。

早速、先生は選手を集め、学生のスポーツの基本精神に則って次のような方針を示された。①勉強をさせる。練習時間を二時間とし、帰宅したら三時間勉強すること。②メンバーを白紙に返し、真面目に練習し、試合で実績を残した者を使う。③合宿をする。そこで必ず勉強をさせる。④ごまかさない正しい道を歩くこと、等である。他方、先生御自身は、口では一切いわずに、態度で示された。その一つに先生はグランドに必ず練習の三〇分前に行き、草を取ったら、いつのまにか選手もそれを見習うようになったとの美談を聞いている。こうして野球と学問との両立、さらに師弟一体となっての学生野球に対する精進は、県大会決勝進出となって結実する。これは遠藤先生の適切な教育指導と熱意によるものである。先生は教育者としても、また面目躍如たるものがある。なお、遠藤先生と興譲館の当時の生徒、皆川睦雄投手（後に南海ホークス投手として活躍、二〇〇五年逝去）との出合いなど、その師弟物語については紙数の都合で別の機会に譲りたい。

遠藤先生は、その後大学院に進学され、我妻先生の指導の下に、民法学研究に従事される。時効の研究に専念され、その成果として、『時効の援用・利益の放棄』（総合判例研究叢書、有斐閣）をはじめ、論文として、「取得時効における占有の態様」（我妻先生古稀論集）、「時効取得と登記の対抗力」（不動産登記法講座⑴）、「取得時効の起算点」（不動産登記法講座⑴）等、数が多い。また、御高著『民法総則』（日本評論社）は、「簡にして要」、内容が濃くしかも分かり易い名著である。

さらに特筆すべきは、先生が民法教科書をはじめ、数多くの本を編集されたことである。私は、先生・諸先輩の驥尾に付してこの原稿を分担執筆できたことをいまでも有難く思っている。先生は名編集者である。編著書の中でも、『隣近所とつきあう法』（共編）、『ハンのトラブル防止法』（共編）、『暮らしのための法律』（共編）などは、いずれも市民に必要と思われる身近な法律問題をやさしく解説されたものである。市民の生活上の利益を保護する編著が多い。先生は市民派の法学者といえよう。

総じて、「奥の細道」の細道は芭蕉がひたすら歩んできた俳諧一筋の生き方を表しているとすれば、芭蕉と遠藤先生を重ね合わせると、この細道は、遠藤先生にとっても民法一筋に生涯をかけた道であるといいうるであろう。

〔付記〕本稿を執筆するに当たっては、遠藤先生の竹田さん宛書翰を拝見いたしました。

〔遠藤浩先生傘寿記念『現代民法学の理論と課題』二〇〇二（平成一四）年、第一法規〕

6　内山尚三先生を偲ぶ
――学問への道――

内山先生が逝かれてから早や三回忌になる。一昨年一二月、先生御逝去の折には、入院先で訃報に接したが、腰痛（ヘルニア）のため御葬儀に参列できず、病室で独り静かに御冥福をお祈り申し上げた。

その後、年を越し、腰痛が恢復していたので、彼岸会に先生のお宅でお悔み申し上げ、永遠のお別れをしたが、人の死ほど悲しいものはない。旧年、ある法律専門雑誌の随想欄（「最近の建築請負民事調停事件瞥見　請負契約法学者・内山尚三先生追悼」私法リマークス二七号）に、先生が生涯をかけられた「建設請負契約の研究」に因んで追悼させて頂いたが、紙数の関係で、先生との昔日の思い出を語る余裕はなかった。ここで、思い出の一駒として先生の学問への道を語りたい。

昭和五六年の五月の新緑の頃ではなかったと思う。先生から突然お電話があり、勤務先の学園紛争が長引いて、いまでも学生に教室、学生会館が封鎖され、いつなにが起きるかわからない状態であると説明された。お話しが長く、ご用件をお聞きしたら、実は、この一〇月に私法学会開場を引き受けたのだが、このままの状態では開催が危ぶまれるので、貴大学で代わりに引受けてくれないかとのことであった。私は明日にでも前向きに関係者と相談して御返事すると約束した。先生はどちらかというと、前置きが長く悠長でスローであるが、私は「せっかち」でスピィディーの性格である。二人が反射的に「ウマ」が合うゆえんかも知れない。

これが機縁で少し経って先生に初めてお会いし謦咳《ケイガイ》に接することできた。先生は、黒縁のやや度の強い眼鏡を掛けにこやかな温和なお顔だった。その頃はアートネイチャーはつけておられなかった。いずれにせよ、こんなことから学問上はもとよりお酒の付き合いに至るまで親交を深めることになった。

思い出深いのは、私が、内山先生、黒木三郎先生、石川利夫先生還暦記念論文集「現代民法学の基本問題」（上・中・下巻第一法規）に引き続き、古稀記念論文集「続・現代民法学の基本問題」（第一法規）の責任者となった時のことである。右論文集の付録として三先生の古稀座談会「学問と人生を語る」を企画した。私が司会者で、三先生がそれぞれ歩まれてきた人生への道、学問への道を座談会形式の中で語られたものである。この座談は、テープにとり、後に淡いウグイス色のスマートな小冊子として刊行された（題字・小林孝輔先生・非売品）。

この座談会における内山先生の大学時代から歩まれた道の大筋を語り継ぐと、昭和一八年一二月一日に、いわゆる学徒出陣で仙台第二師団に入隊されたが、同一九年九月に肺結核のため現役免除となり帰省、療養した。先生は、帰省後、終戦を迎え、直ちに復学し丸山眞男先生のゼミに入り、昭和二二年九月に卒業された。卒業後、大学院に川島武宜先生に師事した。経済安定本部から川島先生が建設労働、建設請負の実態調査を依頼され、内山先生もこれに参加した。この実態調査を契機に内山先生は建設請負契約の研究に生涯励しむことになる。

先生は、この実態調査により、前近代的な建設請負契約の実態を知った。すなわち、実父長制度的な前近代的労働関係のもとでは、建設労働はもとより、元請負と下請負、発注者と元請負の関係の近代化はないということを知ったのである。この時、先生は、建設請負契約の近代化の実現を決意されたものと思う。

こうして、先生が実態調査を通し、建設請負契約の研究に営々として積み重ねられた成果は、名著「家父長制労働関係」（法政大学出版局・昭四三）、「現代建設請負契約」（一粒社・昭五四）とし結実した。この他に、「転換期の建設業」（清文社・昭五四）、「新版建設業法の要点」（清文社・昭五八）、「請負」（一粒社・昭五三）等の著作がある。

ところで、現在、東京地裁民事二二部では、その入口に、「請負調停」と墨書した張り紙を掲示し、平成一三年四月から建築集中部体制のスタートを切った。二二部では建築請負契約事件の急激な増加が目立ち、ここ二年間の二二部の動向をみると、平成一三年は九ヵ月間で三二八件、平成一四年は一年間で五一七件を数えている。建設請負の分野では、企業間の請負と個人請負の問題が複雑に混在する状態である。民事二二部の事件の七割が請負代金請求事件として争われているのが実情である。この代金請求事件は被告（注文者）から抗弁として現疵主張されているのが一般のようである。請負人にも問題がある。見積書でも、たとえば「屋根塗装工事一式」と書いて明細が示されていないのがある。昔ふうの「どんぶり勘定」的であることはゆがめない。舌足らずであるが、全般的に建築請負契約はまだ近代化されていない。いまでも裁判所のこの状況は続いている。

このような実情のもとにおいて、建築請負契約の近代化のためには、内山先生の一連の請負に関する御著書を紐解き、御示教にあずからなければなるまい。直接御指導を仰げないのは残念至極である。

内山先生の御功績を讃え、御冥福をお祈り申し上げる次第である。

〔内山尚三先生追悼論文集『縁《ゆかり》』二〇〇四（平成一六）年〕

7　最近の建築請負民事調停事件瞥見
――請負契約法学者・内山尚三先生追悼――

内山尚三先生、先生は旧年一二月一四日忽然として黄泉の国へ旅立たれました。私は、入院先で訃報に接しましたが、腰痛（椎間板ヘルニア）のため御葬儀にも参列適わず、病室で独り静かに御冥福をお祈り申し上げました。年を越し、やがて彼岸会に入りましたので、世田谷のお宅でお悔み申し上げ、永遠の別れをさせていただきました。先生の遺影を見つめているうちに、昔日の忘れ難い数々の思い出が込みあげ感無量でした。

ところで、内山先生、そちらのお国での建築請負情況はいかがですか。今日は、先生に東京地裁民事二二部（民事調停部）の建築請負調停事件概況をかいつまんで申し上げ、御示教にあずかりたいと存じます。先生は、酉年生まれの酉にサンズイを付けたお酒が大好きでした。このお便りは、〝目には青葉山時鳥初鰹〟（山口素堂）の爽快な初夏の季節に味気無く、どうか杯を傾けながらご高覧下さい。

民事二二部では、その入口に、「請負調停」と墨書した張り紙を掲示し、平成一三年四月一日から建築集中部体制のスタートを切ったのです。すなわち、当部は、従来の借地非訟事件および付調停事件に加え建築事件の集中部として同事件を一審における最終処理まで担当することになりました。民事二二部がこのような経緯をみるにいたりましたのは、建築関係事件の複雑性と専門性からして、一審での平均処理期間が約三〇ヵ月と長期化し、十分に事件当事者の期待に応えていないとの厳しい指摘が大きな一つの要因となったのです。このような状況の下におきましても、民事二二部は当部の建築関係事件の八割に及ぶ事件を解決してきましたが、建築関係事件の早期解決の実現に寄せる人々の要望が強く、この要請に応えるために、従来の実績等に加えて、当事者参加型と同時に国民参加型の現代的紛争解決制度である調停制度の活用化が最も有効かつ現実的な方策であるとの結論に達し、今回の民事二二部集中部が発足いたした次第です。なお、時勢の不況が反映してか、民事二二部では建築請負契約事件の増加が目立ち、簡裁では消費者金融事件が圧倒的に多いのが現時の情況です。

ここ二年間の民事二二部の建築請負関係事件の動向をみますと、平成一三年は九ヵ月間に三二八件（各月平均三七件、付調停〈訴訟事件を調停に回したもの〉一五四件）、平成一四年は一年間で五一七件（各月平均四三件、付調停一七三件）を数えています。建設請負の分野では、企業間の請負と個人請負の問題が複雑に混在する状態です。

さらに、東京、大阪での建築請負事件が比較調査されました結果は次のとおりです（民事二二部の調査による)。東京ではこの事件の約七割が請負代金請求事件として争われ、この事件は被告から抗弁として瑕疵主張されているのが一般のようです。これに対して、大阪では請負代金請求は四二パーセントであり、施主からの損害賠償請求が四五パーセントを占めているのが特徴的です。東京では瑕疵修補による仕事完成が要求され、大阪では損害賠償という金銭による解決が望まれているということでしょうか。ちなみに、平成一四年度事件名区分による事件類型割合(合計二五七)は、東京では、請負代金一七六、損害賠償六一、その他設計料等が二〇ですが、大阪(合計一二五)では、損害賠償五七、請負代金五四、その他設計料等一四となっています。

民事調停でも特に請負調停は難しいです。事件の内容が多様化、複雑化し、加えるにそれを解決するために専門的知識を要する事例が多いからです。例えば、雨漏りの紛争について、その原因が工事施行上にあるのか、それとも設計上の問題にあるのか、裁判官は判断できませんので専門家の知見によるほかありません。多様化する紛争は裁判だけで解決できるものではなく、裁判外の紛争解決の手法を考えざるを得ません。アメリカのＡＤＲ(Alternative Dispute Resolution)〈裁判外紛争解決〉の手法は大いに参考になると思います。

私は東京地裁民事調停委員を三二年余いたしましたので、調停制度への関心も人一倍で、請負に造詣深い先生の御示教に接したく、御書信を認めた次第です。ご意見をお聞かせ下さい。

〔私法判例リマークス二七号、二〇〇三(平成一五)年〕

8　畏友槇悌次教授を悼む
――私法合同研究室有情――

槇君は、病床に臥していたが、旧年一月二二日、薬石の効なく、享年七一をもって、その碩学の生涯を閉じられた。「人の亡き跡ばかり、悲しきはなし」（徒然草三十段）。「生者必滅、会者定離」を説くは仏道であるが、人の死ほど悲しく、人の世の儚なさを感じさせるものはない。そこまできた二一世紀を見ずに逝かれたことは、さぞかし残念至極であったろうと思う。ただただ御冥福を祈るのみである。

以前から民法学者は、梅謙次郎先生夭逝以来、他の分野の法学者に比し長寿の人が少ないといわれてきた。ちなみに、近年でも八〇歳まで生きた学者はそう多くない。いつか君と学会で会った際に、なんとかこのジンクスを破りたいものだと語り合い、これが駄目でもせめて平均寿命までは、権利であり義務と思って長生きしようと、それとなく誓い合ったことを覚えている。生真面目な君は、これを果たせ得なかったことを悔んでいることであろう。

思えば、槇君と私とは、大学が同期で昭和二六年卒業後、中川善之助先生の門下生として、研究室で机を並べて勉強した同窓である。同期の阿部浩二君（岡山大学名誉教授）泉久雄君（専修大学名誉教授）、保険法の田辺康平君（故人、元西南学院大学教授）たちと、ともに古びた私法合同研究室で研究に勤しんだことが懐かしい。その当時は戦後の苦難の時代であったので、生活は楽ではなかった。大学の研究費は不足し、研究施設も十分ではなかった。私たちは、日々朝九時から夕方五時頃まで研究室で過ごした。「みちのく」仙台では、新緑の季節は「郭公《かっこう》」があふれんばかりの緑の中を鳴き渡り、杜の都の風物詩のひとつに数えられていた。秋の訪れは早く、残暑は凌ぎやすかったが、やがて冬がくると、とくに真冬の寒気はきつく、研究の上でもこたえた。戦後の燃料不足がひびいて、研究室のスチームとは名ばかりで、私たちは四角い大きな木造りの火鉢で暖をとった。それは、少し誇張していえば、英国の詩人ワーズワース（William Wordswonth〈1770~1850〉）の「暮しは低く思いは高く」の詩句を地で行くような生活であった。こんなもとで、私たちは、道を志す者として、まさにこの詩句のごとく、最低の生活の中にも最高の精神が宿されなければならない思いに勤めたのも事実である。

ところで、槇君は、中川先生から「土地所有権の史的展開」というテーマを与えられ、これを抵当権法の側面からアプローチしていた。槇君は、学生時代から勉強好きの秀才として鳴らしていた。そして、研究室に残ってから生涯、「売文」的な仕事は極力控え、大論文を書くことに専念していた。この学問に対する自戒と強い責任感は彼の随想等にも示されている。このような厳しい学問的態度をとるようになったのには次の経緯も手伝った。すなわち、私法研究室時代の一時期、私たち助手・特別研究生は、ある地方新聞紙の「法律相談」欄を分担執筆していた。毎月末支払われるこの原稿料の一部を、学会出張の際、旅費の足しに分配したのである。これが後になって発覚して、中川先生から一同呼び出され大目玉を頂戴した。先生は、自分の文章を売って生活を立てるような「売文の味」を覚えると学問がお仕舞になると、学問の道をこんこんと諭された。私たちは、この恩師の教えを肝に銘じて、学問に励んだ。

このような三年余の合同研究室生活を終えて、槇君は講師として二年ほど大学に残り、私は静岡へ赴任した。槇君はこの間金融資本論研究会に入り、そこで学んだ理論は彼の方法論に強い影響を与えた。その後、槇君は関西大学へ赴任し、さらに愛知大学に転じた。この頃、私たちは、有志でつくった資本主義民法研究会同人として、再び交遊を深めることになる。

爾来、槇君が堂々として積み重ねてきた成果は、『譲渡担保の意義』『譲渡担保の効力』（昭和五一年、一粒社）担保物権法（昭和五六年、有斐閣）等の著作として結実した。なかでも圧巻は、大作、『根抵当権法の研究』（昭和五一年、一粒社）である。本書は、学位論文となったが、槇君が生涯を賭けて執筆した名著である。

きっと今頃は、「天国大学」で真摯な君のことだから、中川先生にいままでの研究成果を謙虚に巨細なく報告していることであろう。

「散る桜　残る桜も　散る桜」（良寛）

〔ジュリスト一一七八号、二〇〇〇（平成一二）年、後に槇悌次名誉教授追悼文集『偲びぐさ』二〇〇一（平成一三）年に集録〕

9　小林孝輔先生を悼む

一、小林孝輔先生は、平成一六年一一月一九日、薬石の効なく、不帰の客として旅立たれた。享年八二でした。先生は、憲法学者として、宗教法学会理事長の要職を一〇数年余の長きにわたり、惜しみなく尽くされ学会の運営・発展に寄与されました。

先生は、著名な進歩的憲法学者でしたが、他面、謙虚な宗教人でもありました。聞くところによると、先生は、つつじが丘にある曹洞宗の名刹「金龍寺」（→成願寺）の長男として生まれ、後にその後継者として出家するべく同宗派の世田谷学園に学び僧籍を得ているとのことでした。ところで、大学への進学の時期になると、誰しもが、学ぶべき大学・学部等進学校を決めなければならない。青雲の志に燃える小林青年も、今後の道を選ぶことになったが、学問（法学）への道、止み難く、ご両親の期待にこたえることなく、早稲田大学法学部に進学された。

ところで、小林先生が本宗教学会の運営・発展のために尽されたのも、若き日に修業した宗教に寄せる心が、内に秘められていたからであろう。私事になるが、先生は、仏教に関する造詣が深く、折にふれ、道元禅師の最古の道徳書とも評される「正法眼蔵」を中学時代に習った日の思い出や、道元の弟子の良寛が「正法眼蔵」を倉から持ち出して読み、感動し涙で「正法眼蔵」を濡らした逸話など話して下さった。元一粒社の社長が、一粒社名はアンドレ・ジイド（André Gide〈1869～1951〉）の「一粒の麦死なずば……」からとったといったら、先生は、そうではなく、仏語の「一粒米《いちりゅうべい》の重きこと、須彌山《シュミセン》の如し……」からきていると教えられた。私はお陰で耳学問から知識を深めることができた。

二、思えば、初めて孝輔先生の謦咳に接したのは、昭和二九年頃、静岡大学に在職していた際、文理学部長の鈴木安蔵先生に来静された小林先生をご紹介いただいた時である。両先生が学問や学界等を談義をされている時、どちらの先生だったか、本を書かない学者は「走らない自動車みたいのものだ」といわれ、そのジョークともつかぬ言葉を今でも覚えている。この比喩的な言葉を借りると、孝輔先生は、さしずめ「走り続ける自動車」「走り過ぎる自動車」といいうるであろう。先生の業績はぼう大であり圧倒される。ここでは、先生が新進気鋭の時代に書かれた代表的な書物をいくつか挙げ若き日の学績を偲びたい。

①　社会科学としての憲法学（森北出版・一九五九年）
②　憲法学の本質——憲法学および憲法学の研究（森北出版・一九五九年）
①②は戦後初期の日本国憲法における憲法学研究方法論を説いた小林憲法学の真髄。

③　基本的人権と公共の福祉（有斐閣・一九五九年）
④　日本の憲法政治（日本評論社・一九六三年、憲法学は政治に無関心であってはならない旨を説く）。
⑤　ドイツ憲法史（学陽書房・一九八〇年、若者のライフワークであるドイツ憲法学研究の集大成である）。
学生用教科書として、⑥憲法通論（日本評論社・一九六四年）、⑦憲法学要論（勁草書房・一九六五年）等がある。

さらに、先生は、学外関係においては、たとえば、靖国神社公式参拝に反対する『政教分離の会』の代表者として論陣を張り、また、森喜朗元首相の『神の国』発言を違憲として主張した。さらに、天皇即位に伴う一九九〇年の大嘗祭の問題については、『国事に関して行うことは憲法理論に反する』と説いた。先生は、生涯にわたり、憲法学者として自らの信念と良心を貫き、人権尊重、平和憲法擁護を基本にした憲法理論を説いた。先生は多くの業績を残しその碩学の生涯を閉じられた。

三、昔時の小林先生宅の庭には大きな桜の木が植えられていた。私はこれを見て、とっさに御夫妻とも桜がお好きなんだと推察した。先生のご他界後に、光子夫人が青山学院相模原キャンパスに山桜三本を植樹し供養された。

古くは、桜の花は「花は桜木、人は武士」といわれ、「敷島の大和心を人問わば、朝日に匂う山桜花」（本居宣長）と謳われているように、桜の花の美しさと武士の精神が重さねられ、日本人の魂の花であるという認識がもたれ、人々に愛されてきた。今日に至っても、「桜狩り」は春の行楽行事の一つとして欠かせないまでに多くの人々から愛されている。桜の花は万人の花である。

桜を眺めにきた人達にとって、このたび植樹された山桜の花も、過ぎし人々の姿や思いを偲ぶよすがとなるであろう。また、「桜狩り」にきた人々も、自己の人生行路を振り返ってみることができるであろう。「さまざまの事おもひ出す桜哉」（芭蕉「笈の小文」）

来春、桜の花の咲く頃、きっと山桜の木の下で、朋友とともに、酒を酌み交しながら、先生の面影を偲び、在りし日の思い出を語り合いたいと思う。小林先生安らかにお眠り下さい。

散る桜　残る桜も　散る桜（良寛）

平成一七年八月二五日

〔宗教法二四号、二〇〇五（平成一七）年一一月〕

10　漁夫生涯竹一竿
――書もまた人なり――

誰にだって好きな言葉の一つや二つはある。「漁夫生涯竹一竿」は私の最も好きな言葉の一つである。人によっては気に入った先哲、智者の名言や諺を墨書し、これを床の間に飾って信条や処世訓としている御仁もいる。私もこの「漁夫生涯竹一竿」という愛する文言を、能筆家の小林孝輔先生に短冊に揮毫していただき、これを書斎に飾り自戒の言葉としている。この文言は、漁夫の竹一竿に因んで、いったん志を決めた以上は、生涯その道一筋に歩まなければならないことを教えるものであろう。

この言葉を若い頃に知ったことは覚えているが、どこでなにによって知ったかは失念した。また、憲法学者の佐々木惣一先生がこの言葉を愛され心の糧とされたことを仄聞したことがあるが、これとて記憶が定かではない。それよりも、来客から「これは誰れが言った言葉ですか」とその出典をたずねられて気恥しい思いをした。その出典を国語の先生に聞いても判然としない。あるいは中国に由来しているのではないかと思い、中国古代文学史を研究されている先生（謡口明・漢文学の権威）に聞いてみたらどうもそうらしい。その受け売りではあるが、この語源については中国の馬存（宋の楽中の人、?～一〇九六年）の「浩浩歌」において次の用例をみる。すなわち、「君不見渭川《イセン》漁夫一竿竹、莘《シン》野耕叟敷畝禾《アワ》」の一節である。これをコメントすると、「ごらんなさい渭川の北で釣をしていた老漁夫呂尚の一本の竹の釣竿と、有草の野で耕していた百姓親爺伊尹の数畝の禾を」となる。

ちなみに、馬存の「浩浩歌」は「古文真宝」前集に掲載されており、室町時代の五山の学僧に愛重され、さらに江戸時代から明治にかけて、わが国で盛んに愛読された書物の一つである。謡口先生は、「漁夫生涯竹一竿」の文言の出典についてはこれ以上知ることはできなかった。さらに、調べるためには、わが国の五山文学か、和漢比較文学の専門家に問うほかはあるまいとのことであった。

前半の「渭川漁夫一竿竹」と「漁夫生涯竹一竿」とが似通っている。私の推測ではあるが、わが国においていつの時代か、何人かが前半の句を、人生訓にたらしめんとして「漁夫生涯竹一竿」の句に書き改めたものであろう。いずれにせよ、この言葉を「民法一筋、竹一竿」として心に刻み、我妻栄先生の「民法一筋と花模様」（「民法一筋は、私が生涯をかけて染めてゆく布の地の色であり、一筋以外に引き受ける仕事は、そこに入れられる花模様である。地の色と調和しないものは絶対に引受けてはならない」我妻『民法研究IX―2』「はしがき」）に重ねるようなことになるが、これを自戒の言葉としている。

話が脇にそれたが、いま私は自戒の基準だけを語ろうとしているのではなく、先の短冊の「漁夫生涯竹一竿」の書に因んで「書もまた人なりや」について問いたいのである。能筆家の孝輔先生は、

「能筆かどうかは、本質的には生まれつきである。努力の外になれば羨んでもしかたない。ただ丁寧な読みやすいきれいな字を書くことは努力で可能なことだ」（小林孝輔『風ふけど』三四頁）と謙虚に語られている。

最近、知人からもらう手紙も手書きがめっきり減り、ワープロが増えたが、字の上手、下手はあるけれども、手書きのほうが相手方の心がにじみでているようで感じがよい。たとえ金釘流であれ、癖のある字であれ、誠意をこめた字に接するとその人の誠実な人柄が偲ばれ心温まる思いがする。もっとも、いくら誠意をこめて書いても読めない字では詮方ない。最低、「字は読めるように」自らの努力で果たすべきであろう。書に稚拙な私は、原稿をますめいっぱいに書くなど、読みやすい字に心掛けている。名筆に対するせめてもの慰みでもある。

書く以上誰しも「一字千金」が理想であるが、書が本来生まれつきであるならば、書はその姿形よりも心にあろう。書が心によるものであれば、そのうまいまずいを問わず、書かれた文字は人の心のあらわれである。この意味で「書も人なり」である。

私の書斎には、墨跡も鮮やかに品格のある立派な字で書かれた「漁夫生涯竹一竿」の短冊が飾ってある。この自戒の文言と名書風が一体となって、日々私の心を支えている。

〔小林孝輔教授定年記念随筆集『風のたより』一九九一（平成三）年、泉書房〕

11　黒木さんと若き日の回想

　このたび黒木さんが傘寿を迎え、健やかに長い人生の軌跡を辿られたのは、さらに長寿への指標として誠に慶賀に堪えない。私は古稀を過ぎ、論語「七十にして心の欲するところに従へども、矩を踰えず」の教えを心の糧として寧日を暮らしているこの頃であるが、おのが人生の足跡を顧みるとき、黒木さんを措いてこれを語ることができない。

　私が黒木さんのお名前を知ったのは早く、東北大学の助手時代である。それは、世良晃志郎先生（西洋法制史学者、物故）が、ある席で、九大の黒木三郎君という新進の学究から「イギリス封建制の法的性格―英国不動産法研究序説」（助手論文）の抜刷をもらったが、大変な力作で、君たちも負けないように勉強しなさいといわれた時である。少し時を隔てて、昭和二九年、私が助手生活を終え静岡へ赴任した際には、黒木さんはすでに愛知大学助教授として活躍されていた。

　黒木さんの謦咳に接したのは、当時、鈴木安蔵先生（憲法学者、物故）の音頭取りで、東海地区の法学懇談会（名大、愛知大、静岡大の法学者の会）が発足しており、その会合で紹介された時ではなかったかと覚えている。黒木さんの印象は、ハンサムで風格があり、噂の「光源氏」のニックネームがぴったりの貴公子然とした学究とお見受けした。以来、黒木さんとの付き合いは深まり今日に至る。黒木さんとの思い出は多い。ここでは特に心に残っている二、三を拾って語りたい。

忘れ難い一つは、昭和三〇年代から四〇年前半期にかけて、黒木さんを軸に志を同じくする若い研究者が民法のテキストブックを共同執筆するために研究会を結成したことである。資本主義民法研究会である。資民研同人が地理的に分散していたため、研究会は毎年三、四回の合宿によって行われた。昼は黒木さんリーダーとして切磋琢磨し、夜は酒を酌み交わし談笑のうちに友情を暖めた。学問を通して友情を分かちあえるのは、道を志す者にとって、これとない至福といえよう。当初の同人は、黒木さんと私のほか、小林三衛（茨城大名誉教授）、相原東孝（南山大名誉教授）、浜田稔（愛知大名誉教授、故人）、槇　悌次（関西大名誉教授、故人）の諸氏である。共同研究成果は、民法講義・総則、物権法、債権総論（文人書房）として結実した。

このほかに、黒木さんとともにした知多半島の農業用溜池の所有に係る鑑定調査など数々の思い出があるが、特に思いが深いのは、私が還暦を迎えた時、黒木さんが遊学先のロンドンから還暦論文集に御寄稿下さったことである。その時の感激はいまでも覚えている。思い出は尽きない。

先輩、黒木さんが人生で培った豊かな暖いお人柄、民法、法社会学などの諸分野での幅広い御活躍に見る学問への情熱は、私の心を惹きつけてやまない。黒木さん御夫妻の御健勝と御多幸を祈念し擱筆する。

（黒木三郎先生傘寿記念集『旅する法社会学者』〈二〇〇二（平成一四）年、東京紙工所〉）

12　若き日の半田正夫教授を語る
――人と歩み――

親愛なる半田正夫教授は、平成五年一月三日に目出度く還暦を、越えて平成一五年同年同日に古稀を迎えられ、記念編集の献呈と盛大な記念祝賀会が開催された。本稿は、その還暦論集に掲載された論稿である。

半田教授との交遊は三十有余年に及ぶ。私が半田君と初めて面識を得たのは、昭和四四年の学園紛争当時、私の研究室であったと思う。彼はその前に私法学会で紹介されたというが、記憶が定かではなく、恐らく多くの友人に会っていた度忘れによるのであろう。

それはともかく、私が友人となる機縁になったのは次のような事情によるものである。

ちょうどその頃、青山の法学部では、創立期に参加された多くの老教授が退任され、補充人事に追われていた。もっとも、私もその人事の一員として小林孝輔先生に招かれて昭和四二年に着任したものである。着任二、三年後、私は、縁あって神奈川大学法学部に非常勤講師として出向していた。どこの大学でもそうであるが、教員の溜まり場である講師控室で法学部の教授連と雑談していた際に、半田君のことが話題となった。彼は一年前の四月に北海道から赴任し、この三月去っていったとのことであった。僅か一年の期間である。

当時、神奈川大学も烈しい学園紛争に見舞れた一つであった。その時の教授連の話によると、教授を囲む学生集会の折に、半田君と学生との間に、「資本主義民法をとるか社会主義民法をとるかどうか」につに言葉のやりとりがあり、それがエスカレートして「辞める」「辞めよ」まで発展してしまい、その結果、半田君は、多くの説得にもかかわらず、発言どおり辞めてしまったとのことである。教授連は、血気盛んであったにしても、赴任早々で学内事情の分からない先生に、型破りの質問をして有望な新進の学究に辞められたことは、大学にとって大きな損失であったし、半田君には気の毒なことをしたと悔んでいた。もし青山で民法の人事がある場合には半田君を宜しく頼むということであった。去りし人がこうまで惜しまれるのは、その人の人徳によることはもちろん、逸材である証しであろう。

他方、青山では行政法、刑法、民法等の補充人事が進められていた。私は、先の話もあったので、半田君の論文を読み、とりわけ「著作権法の一元的構成について」は力のこもった素晴らしい論文だと感服した。また、長いこと小樽商大にいた中川良延君（現千葉大学名誉教授）からは、なにかの折に、彼のおおらかな立派な人柄であることを聞いていた。こうして半田君を青山にお迎えしようと思い、初めての面識を得るため研究室にご足労願った次第である。これが前述の研究室で初めて会ったというくだりである。学内事情など説明した上で、青山に来てくれないかとお願いしたら、半田君は二つ返事で承諾してくれて嬉しかった。第一印象もよく、おおらかな温厚な篤学の士として、この人となら今後民法を一緒にやっていけると思い、まさに「朋有り遠方より来たる、亦た楽しからずや」の思いであった。ところで、この頃の半田君の髪の毛は黒々していて、いまのように白髪頭ではなかった。ちょうど夕方だったので、誘い合って夕食を共にし大いに歓談したことを覚えている。余談ではあるが、当時は私のほうが断然酒が強かったが、いまでは半田君が腕を上げて逆転させられてしまった。情ない話である。

こうした経緯のもとに、彼の人事は、学部内の意見も異論なく順調にまとまり、教授会も通って、いよいよ迎える段取りとなった。学園紛争という事情を抱えて、人事の進捗状況が遅れ勝ちだったので、その時、半田君は経済事情もあって近畿大学法学部に着任されていた。肌寒くなった一一月頃、私は、半田君を迎えるべく、学部長の割愛方の挨拶状を携えて、勇躍、大阪へくだった。その日、半田君は出講中だったので、彼と近大で待ち合わせて共に挨拶することになっていた。挨拶に赴くと、近大側では、学部長のほか学科主任の方が出てこられ、こういうことを急にいわれても困るし、来年三月退任されるのは認め難いとの一点張りで、受け付けてくれなかった。同席した半田君は、三月限りで辞めたいことはすでに学部長に申し出てあると頑張ったが及ばなかった。青山にこの旨電話連絡をして、なんとも遣る瀬なかったが将来を慮って引き下がることにした。結局、相手の学内事情のために着任が一年延期となってしまった。

半田君にはなんとも済まなく、車中、二人とも悄然としてビールをチビチビ飲みながら帰京した。こんなことが、今日まで親しく交遊を続けている太い絆の一つになっているのであろう。

爾来、今日に至るまで三十有余年の交遊を続けている。半田君は大変な勉強家である。勤勉家がそばにいると刺激になって、よい意味で競い合う。小林孝輔、清水英夫両先輩が在任中には、次から次へと本を出されるし、半田君も負けじと書くものだから、こちらも引きずられて勉強するようになる。こうした先輩、後輩による学問的環境に恵まれたことを最大の幸せと感謝している。彼はどこの場でもどこの席でも、日頃はばかることなく、「自分が今日あるのは五十嵐清先生と森泉先生のお蔭で、二人には足を向けられない」のごとき謝辞をいわれている。恐縮至極である。私の目には、こうした彼の真摯な態度に、人によっては専任教員にでもなると一人前になった顔でそっけのない人がいる昨今、情溢れる謙虚な人柄がにじみでているように映るのである。

半田君は、人一倍の家庭人である。休暇を利用して、奥様や愛娘を連れ立って、内外への家族旅行を唯一の楽しみにされている。また、大変な愛妻家でもある。叡子夫人とは、大学院生だった頃、入院中に大恋愛されて結婚されたとのことである。その時に交されたラブレターを、変わらぬ愛の誓いの証しとして、互いに大事に保管されていると聞き及んでいる。二人にとって愛の証文に時効はないのである。

半田君はカラオケが好きで、しかもうまい。玄人はだしである。マイクを握ったら離さない。歌に自信のない私は、カラオケ酒場では、彼の唱う歌でもっぱらオバタリアンとダンスを楽しんでいる。

半田君とは三十有余年の付き合いになるが、良き同僚、良き友、良き後輩――彼にめぐり逢えたことに無上の喜びを感ずる。合縁奇縁、結びつけてくれた神様に感謝し、この縁を大切にして生きていきたいと思っている。彼は私のライフロング・フレンド（lifelong friend）である。

〔附記〕半田君は、青山学院大学長を退任後、現在青山学院常務理事として、学内外の業務の重責を果たされている。

〔半田正夫教授還暦記念論集『民法と著作権法の諸問題』平成五（一九九三）年一月、法学書院〕

第三部　民法　寄り道　回り道

1　ボランティア団体の非営利法人立法化について

近時、福祉や環境問題、国際協力・国際交流、さらには「市民参加のまちづくり」などの分野で市民のボランティア活動が盛んである。とくに、このたびの阪神大震災でのボランティア活動は目ざましいものがあった。ボランタリーは、本来、市民の自発的な奉仕活動である。それは、金銭や物資の寄附という形でなされてもよいし、自発的な役務の提供であってもよい。阪神大震災を契機に市民のボランティア活動に対する関心は一段と高まっている。

ところで、近時、多くの分野で市民活動に従事する市民団体は、NPO（Non-Profit Organisation）NGO（Non-Governmental Organisation）と呼ばれている。これら団体の多くは、寄附が頼みだが、任意団体、いわゆる「法人格なき団体」として位置づけられているため、税制上、寄附控除の対象が極めて限定され、優遇措置を受けることができない。わが国では、公益法人になると税制上の特典を受けることができるが、公益法人になるのが難しい。アメリカでは、法人格と直接関係なく、非営利団体としての活動の実態が認められれば税の減免を受けることができる。

こうした状況のもとにおいて、近時、民間ボランティア活動と寄附活動の活性化をはかっていくために、ボランティア団体が任意団体のままでは、いろいろ不便・不都合が生ずることから、その非営利法人化が強く要望されている。たとえば、民間の研究者や実務家等からなる研究フォーラムからは、自主的・自立的にボランティア活動を行う非営利、非政府の団体を創設すべきことが提言されている。その提言の骨子として、第一に、わが国の法人法定主義のもとにおいて、これら団体を公益法人として設立するには、主務官庁の許可を得なければならず、しかも、設立後は主務官庁の監督に服さなければならない。許可主義は、許可するかどうかを主務官庁の自由裁量にまかせることになるので極めて特権的であり、設立後主務官庁の監督に服することは、自主的なボランティア活動を阻害することにもなる。したがって、民間非営利団体の設立を許可主義から登録制度へ変更し、「登録非営利法人」(仮称)を設けるというのである。第二に、登録非営利法人のうち税制上優遇措置の必要な団体は、税務官庁に準則主義に基づいて届ける「免税非営利法人」とする。第三に、免税非営利法人のうち公益を目的とする法人は、高度な情報の公開と引き換えに、税務官庁に届ける「公益寄附金控除法人」とする。第四に、右の公益性の判断は、学識経験者などによって構成される第三者機関である「公益審査委員会」によって行うということなどである。政府も、一八の省庁の連絡会議を開き、ボランティア団体の法人化や税制上の優遇措置を検討させ、今夏をめどにボランティアに関する基本方針をまとめる旨、紙上報じられている。

私も、民間ボランティア活動の活動の活性化のために、ボランティア団体の法人化に賛成である。しかし、他方、登録制や準則主義が採られる結果、非営利法人を悪用する団体の出現には警戒を要しよう。悪用されるようなことがあれば、純粋のボランティア団体までも法人としての社会的信用を失墜することになる。非営利法人化によって生ずる二、三の気付いた点をあげると、①ボランティア団体の実態は公益法人に近い。現行公益法人との整合をどうするのか。②非営利法人の名を借りる公序に反する社団の設立をどう防ぐか。③泡沫法人の濫立をどう調整するか。④非営利財団法人の設立を認めるのかどうか。執行免脱や相続税を逃れるために悪用されるおそれがあるからである。⑤「法人成り」を望まないボランティア団体をどう扱うのか、等である。ボランティア団体の健全な法人化を望む。

〔金融・商事判例九六八号、一九九五（平成七）年〕

2　公益法人の審査機関必要

最近の公益法人の大きな動向のひとつにＮＰＯ（非営利組織）とかＮＧＯ（非政府組織）と呼ばれる市民団体が、民間ボランティア活動の活性化を図っていくために、非営利法人化を強く要望していることがある。

公益活動の活性化を図る視点からは大いに歓迎すべきだが、他方では、公益法人が公益という美名を「隠れみの」にして公益法人制度を逸脱する行為が少なくない。

特にこの中には役人の天下り先を確保するために設立されたとしか思えない公益法人が目立つ。このほど公益法人制度を乱用して社会的にも糾弾された厚生省所管の財団法人・日本医療食品協会事件がある。この食品協会は医療食品の検査機関として食品販売会社から検定科を取り、さらに、販売ルートを系列会社に限定し、新規参入を認めず事実上の独占販売をさせたというのである。

公正取引委員会は、病院給食に使う医療食品の製造、販売につき新規参入を阻害したとして、独禁法違反とし排除勧告した。

しかし、この事件とて氷山の一角に過ぎまい。中央官庁が特殊法人や公益法人を作って、役人の天下り先の確保と業界の支配を図るのは、官益優先の構図であり、今に始まったことではない。「官益法人」とそしられるゆえんである。

この事件に先立って、自民党の行革推進本部の規制緩和委員会は、公益法人改革に関する提言を行った。その要旨は、早急に行うべき事柄として、「公益法人による検査、認定、資格付与などを全面的に見直す」「『公益法人の設立及び指導監督基準』を閣議決定に格上げする」「事業等が私企業と競合する公益法人は株式会社へ移行させる」などが柱となっている。

これに中長期的に行うべき事柄に、民法を見直し、準則主義に基づく設立を検討すべきこと、課税上の配慮は法律で定めること――などが織り込まれている。政党案としては一応の評価ができる。

2　公益法人の審査機関必要

ところで、先のＮＰＯ、ＮＧＯと称する市民団体は、公益法人としての実質と組織を持ちながら、民法の許可主義による法人格取得には、許可主義が特権的であると拒絶反応を示し、さらに設立後、所管官庁の監督に服することにも、自主的なボランティア活動を阻害するといってこれを嫌っている。

ところが、これと対照的に先の官主導で設立され、当の官僚が天下る公益法人には、その癒着状態や事業活動を監督し、チェックする機関は初めからないに等しいのが現状だ。

次元の違う二つの問題を重ねてみようというのではないが、一方は法人格取得、他方は法人の乱用行為で、どちらも公益法人制度に大きくかかわる問題である。当然、公益法人についての問題の解決は焦眉《しょうび》の急だ。

そこでボランティア団体の法人化の要件を緩和し、他面、公益法人の乱用行為をチェックするために、英国のチャリティー・コミッション（Charity Commission）を範とし、独立の機関としての公益審査委員会（仮称）を設けることを提言したい。

チャリティー・コミッションは、一八五三年の公益信託法（The Charitable Trust Act）で認められたチャリティー法に引き継がれ、今日までチャリティーの登録、監督、検査、指導等に当たっている。チャリティー・コミッションは、わが国の公益法人の所管官庁に相当する政府機関であるが、他の行政機関から全く干渉を受けない独立の機関である。内務大臣から任命される最大五名のコミッショナーから成る。

その権限は、公益性の有無の認定、目的財産の有効使用の指示、受託者に対する財産管理方法の指導、チャリティーに関する情報の提供、チャリティーの登録による現状の一般公開、事業報告や決算公告の検査など広範である。

総じて、今ある公益法人の中には、公益性の希薄なものがかなりを占め、社会的に問題とされる活動を行い、税制などの面で、民間公益法人の活性化をはかる場合の足かせとなっているのが実情だ。

この現状に対処するためには、公益法人を純粋に公益活動を行う団体を対象とするように再構成しなければなるまい。既存の公益法人でこの再構成された公益法人に吸収できないものなどのためには、別途、中間法人制度を併せて創設し、中間法人として存続する道を講ずるべきである。これには新たな立法措置が必要だろう。これを踏まえて、公益の定義を明確にし、かつ公益法人の認可基準を法律で決める。さらには学識経験者で構成する独立機関としての公益審査委員会を設置し、この委員会に公益性の認定をゆだね、認定を受けたものだけを公益法人として認可するようにする。委員会は、公益法人が乱用行為など法人としてふさわしくない行為をしたときには、監督官庁に注意、設立許可取り消しなどを勧告する、など準則を定めることにする。

こうすることでわが国の公益活動の不透明さが払拭され、公正な活性化がはかれるはずだ。

〔読売新聞、一九九六（平成八）年六月一二日〕

3　税理士会の政治献金

昭和五四年当時、税理士法改正運動資金として、政治団体へ寄付する目的で税理士会がした会員から特別会費を徴収する旨の決議が、第一に税理士会の目的範囲外の行為であるかどうか、第二に右決議が会員の思想・信条の自由を侵し憲法一九条に違反しないかどうか争われた事案について、最高裁がいかなる判断を示すかその見解が待たれたが、最近ようやく判決がなされた（平成五年五月二七日）。この判決は最高裁判例集には登載されなかった。本判決は内容の判断に立ち入らず、「右決議は、税理士会が会員から徴収する会費の使途を定めたもので、右金員を会員から徴収することを定めたものでない」と軽く一蹴した。しかし、提起されている税理士会の政治献金の問題は公益法人によってなされただけに重要である。

周知のように、法人による特定政党への政治献金が民法四三条の「目的ノ範囲内」かどうか争われた先例として、八幡製鉄政治献金事件（最大判昭和四五年六月二四日民集二四巻六号六二五頁）と国労広島地本事件（最三判昭和五〇年一一月二八日民集二九巻一〇号一六三四頁）がある。前者は、会社の政治献金が、客観的、抽象的に観察して、会社の社会的役割を果たすためになされた場合には、会社の権利能力の範囲に属するとした。後者は、労組による資金の徴収が経済的政治的活動のためになされた場合ならともかく、特定の政党・候補者を支持するなど純粋政治活動のためになされた場合は、これへの協力を強制することは許されないとした。

本判決は、特定の政党に対して政治献金を行うことおよびそのために会員から資金を徴収することの是非が争われた点では、右二事件と共通するが、資金の徴収、政治献金を行う主体が税理士会という強制加入の特殊公益法人であるという点で異なる。

ところで、本件と同時期に起きた同種の事案として「南九州税理士会政治献金事件」がある。第一審は、税理士会が強制加入団体の公益法人であることを指摘し、その運営に当って、会員の思想、良心の自由に格別の注意を払うべきことが要請されていること等に鑑みれば、「政治的信条の点において政治的中立であるべき」税理士会が特定団体に政治資金を寄付することは民法四三条に違反し無効であるとした（熊本地判昭和六一年二月一三日判時一一八一号三七頁）。第二審は、税理士会が、税理士業務改善、進歩を図り、法の制定や改正に関し、関係団体や関係組織に働きかけるなどの活動をすることや、その活動のために資金を寄付することは、なお目的範囲内の行為であるとした（福岡高判平成四年四月二日判時一四二一号三頁）。相反する結論が出された。

税理士会が政治資金規正法二二条の三にいう法人には該当せず、政治資金を寄付できるとしても、税理士会は、税理士法によって設立される特殊公益法人であり、その設立目的からしても（税理士法四九条六項）、その活動は法所定の目的の範囲内においてのみ許容され得るものであり、政治団体への寄付も自ずから限界がある。このことは、税理士法が四九条の一〇において、税理士会が「建議」という形で政治活動への関与を定めていることからすると、それ以外の「建議」の範囲を超えた政治活動や政治献金は許されないということが明らかである。

本判決において、三好裁判官が決議の無効を説く補足意見は傾聴に価する。これを要約すると、公益性の高い税理士会が特定の政治団体に政治献金する決議は、たとえ税理士に係る法令の制定改廃に関するものであっても、税理士の政治活動の自由を侵害する結果となり、権利能力の範囲を逸脱し無効である。本判決は、公益法人の政治献金につき一石を投じた貴重な事例である。

〔金融・商事判例九七三号、一九九五（平成七）年〕

4　退職労働者の競業避止義務について

近時、会社退職後、第二の人生を歩むために、退職労働者が、旧会社と同種の事業を営んだり、在職中に習得した高度な技術を再就職先の会社で利用したりすることなどが、旧会社の企業利益を侵害するものかどうか争われている。周知のように、労働者（被用者）は、雇用契約中はその付随義務として、自己の労務を利用することによって使用者の正当な利益を不当に侵害しない義務を負っている。講学上、誠実義務と呼ばれているものである。そして、被用者が雇用契約中にこの誠実義務の一種として競業避止義務を負うことはいうまでもない。問題なのは、被用者が、雇用契約終了後も競業避止義務を負うかどうかである。つまり、労働契約終了後は、営業の自由の観点からして、被用者は、原則的には誠実義務ないし競業避止義務を負担するものではないが、雇用契約中に知り得た使用者の業務や技術上の秘密を不当に利用してはならないという義務は、雇用契約終了後も、なお信義則上の義務として残存することを認めるべきかどうかである。雇用契約終了後において、この競業避止義務を広く認めると、労働者の営業ないし労働の自由を不当に害することになる。

通常、雇用契約の終了とともに、当事者は、契約上の一切の債権債務関係から完全に解放される。したがって、被用者は、雇用関係終了後、新しい雇用を求め、新たな雇用契約を結び、あるいは自ら事業を営むのは労働者の自由である。営業の自由、労働の自由は、基本的人権事項として保障されているからである。そして、労働者が雇用関係中に習得した一般的知識、技術、経験等は、労働者の無形の財産を構成するものであるから、法令の特別の規定（商法、工業所有権法、不正競争防止法等の諸規定）で禁止されている場合を除いては、雇用契約終了後もこれを活用するのは全く自由である。使用者が自己の企業を離脱する労働者に対して特約により競業活動をしないよう義務づけるのは、原則に対する例外ともいえよう。

他方、企業者側にとっても、技術的秘密などは企業の存立にかかわる重要な財産として保護されるべき企業利益がある。今日、高度に工業化した社会においては、企業の技術的秘密の財産的価値は極めて大きいものがあり、その法的保護は配慮されなければならない。技術的秘密は当該企業の貴重な財産の一部を成しているものだからである。発明・考案など無形の価値を支配する特許権・実用新案権などは、知的財産権として法律上保護されているが、これらの権利の周辺には、特許権等の権利の内容にまで取り入れられていない種々の技術的秘密――ノウハウ――が存在し、現実には両者相俟って活用されているのが実情のようである。その他、競業から保護されるべき企業特有の利益として、商品の製法の秘密、使用材料の秘密、顧客に関する資料などがある。それゆえ、企業は、秘密を知り得る立場にある者に対して、その退職後においても、秘密義務を負わせ、この義務を担保させるために特約によって一定期間競業避止義務を負わせることは容認せざるを得ないだろう。

この問題は、結局、労働の自由、職業の自由等によって保障される「労働者の利益」と「企業の利益（技術的秘密）」との相対立する利益の調整をいかに図り、かつ、いずれの利益を優先せしめるかにある。裁判例の理論は軌を一にしない。詳細は別の機会に譲るが、結局、職業選択の自由（憲法二二条一項）の原則を基盤とする「労働者の利益」と、他方技術的秘密などの「企業利益」との比較衡量により、競業避止義務の合理性を判断し、これを前提として、信義則によりそのいずれを優先せしむべきか調整すべきことになろう。

〔金融・商事判例九七八号、一九九五（平成七）年〕

5　弁護過誤と弁護士の民事責任・社会的責任

近時、弁護士の不祥事が目立つ。昨今も、関西の弁護士が、遺産分割の調停に絡み、依頼者から預った約四六〇〇万円の小切手を着服したことが紙上報じられていた。

私は、ここ数年にわたってある弁護士会の弁護士懲戒委員を勤めたが、懲戒事件が年々増加の傾向をたどっているのに驚き、また、その非行の内容が、法律業務に携わる弁護士として悪質であるのに腹を立てた。私がみた懲戒請求の内容は、たとえば、①依頼者から預託された金銭の不正流用、着服、②多額な着手金を受け取りながら、委任された離婚訴訟を怠ったもの、③弁護士が依頼者とその相手方との双方代理、④控訴審判決を受けながら、これを依頼者に通知せず上告期間を徒過したもの、⑤弁護士が仲介者を通して訴訟委任を受けながら、その際本人の意思の確認を怠ったもの、⑥弁護士が不実な書面を作成した事例などである。これらは、どれをとっても弁護過誤として裁判沙汰になってもおかしくない事例である。

わが国では、アメリカなどのそれと異なり、弁護士の民事責任を扱った裁判例は極めて少ない。その要因として考えられるのは、第一に、弁護士と依頼者との関係には、「契約」観念よりも、「身分」観念によって律せられる面が残っているのではないか。わが国の弁護士は、どちらかというと、依頼者に気遣うことも、またあまり意見を聞くこともなく、自分に任せたら自分の判断に従えと強引に説得してしまうのではないか。これでは依頼者から文句を言われることも、弁護過誤訴訟を受けることもまずあるまい。第二に、弁護過誤があっても、依頼者は、弁護士を怖いと思い、当該弁護士を訴えることに躊躇するのではないか。第三に、わが国の法学界では、弁護士倫理については多く論じられているが、弁護士の民事責任の問題に関心が寄せられていないことなどである。

しかし、弁護過誤の裁判例が少ないことは、弁護過誤自体が発生していないことによるのではなく、事実上、弁護過誤が諸種の要因から表沙汰になっていないことによるものである。

弁護士は、社会的正義の実現のための担い手として、その社会的責任を負うものであるが、他面、プロフェション（profession、専門的職業）に従事する者として依頼者に対して高度の注意義務・誠実義務を負っている。弁護士・医者等プロフェションに従事する者は、一定の基礎理論をもった特殊な教育または訓練によって培った専門的知識や技量を駆使し、これに信頼を寄せた依頼者の利益を図るために、的確に職務を遂行しなければならない。高度の注意義務（民事責任）を負うものである。高額な報酬を得ることができるのも、これ故である。

アメリカにおいては、弁護士の過誤を総称して、リーガル・マルプラクティス（Legal Malpractice）と呼んでいる。弁護士がリーガル・マルプラクティスを理由に責任を訴追される場合、その根拠として、ネグリジェンス（Negligence）、契約違反（Breach of Contract）、さらに、特殊な信頼関係上の債務（fiduciary obligation）のいずれかが理由とされる。特殊な信頼関係上の債務とは、いわゆる誠実義務のことである。わが国の弁護士に比べ、より重い責任が課されていることを示すものである。以って他山の石となすべきであろう。それ故、アメリカの弁護士は弁護過誤に神経質であり、これを怖がっている。

わが国において、弁護過誤をなくし、弁護士の社会的信用をより高めていくためには、弁護士自身がいかに民事上の高度の責任いわば社会的責任を負っているかを自覚すべきである。端的に、委任契約における受任者としても、より以上の高度の善管注意義務・誠実義務を負っていることを一日たりとも忘れてはなるまい。

〔金融・商事判例九八五号、一九九六（平成八）年〕

6　拇印でも自筆証書遺言は有効

去る平成元年二月一六日、最高裁は、印章による押印がなく、拇印を押した自筆証書遺言の効力が争われた事案について、印章に代えて拇印で足りるとしこれを有効とした（判例時報一三〇六号三頁）。本判例は、最高裁として最初の判例で、遺言法に新たな一事例を加えたものであり、同時に、従来から論議されていた問題に終止符を打ったものとして評価されよう。この事実の概要は、母親が全財産を娘に与えるという自筆証書遺言を作成していたことから、その死後、息子から遺言書の真偽をめぐって争われ、その際、遺言書に拇印しか押してないのも不自然であるとされ、遺言書は偽造の疑いが濃いとして、遺言の無効の訴が提起されたというものである。

周知のように、民法九六八条一項が「自筆証書によって遺言をするには、遺言者が、その全文、日附及び氏名を自書し、これに印をおさなければならない」と規定していることから、この「印」が印章でなければならないのか、それとも拇印や花押（署名の代わりに書いた一種の記号）でも足りるのか、古くから論議されてきた問題である。学説では、法条を厳格に解し拇印も花押も否定するもの、拇印は有効としつつも花押を否定するもの、拇印も花押もともに有効とするものなど軌を一にしなかった。しかし、近時の学説の趨勢は、わが国古来の慣行からこれが印鑑による押印があるのと同じ機能を果たしてきた事情に照らし、拇印も花押も有効と解している。

判例では、古く死亡危急者遺言に関してではあるが、立会証人の拇印を有効とし遺言の効力を認めたものがある（大判大正一五年一一月三〇日民集五巻八二二頁）。その論旨が興味深いのでこの判例を紹介してみよう。まず事案は、Aが大正一一年一二月二七日死亡、法定または指定の家督相続人がなかったので、親族会議で大正一二年一月一二日にBを家督相続人に選定した。しかし、Aは死亡数日前の大正一一年一二月二三日に病院で特別方式による遺言をしXを家督相続人に指定していた。そこで、XからY_1らを相手どって親族会の選出決議無効の訴を提起した。Y_1らは遺言状の立会証人の名下に拇印があって捺印がないから右遺言は無効だと争った。第一審、第二審ともX敗訴。Xは上告した。大審院は上告を容れ、次の理由で破棄差し戻した。

その要旨は、拇印は、わが国では従来から捺印の代用として使用されてきたもので、捺印のように鑑別の手続が簡易ではないけれども、その指紋によって、拇印者の異同真偽を明瞭に鑑別することができるだけでなく、他人の拇印を使用して文章を偽造・変造することは印章に比較して困難であるがゆえに、その確実なる点においては捺印に勝るとも劣るところがなく、立会証人の拇印を有効であるとした。

それでは前記最高裁判決はどのような理由づけをなしたであろうか。「いわゆる実印による押印が要件とされていない文書については、通常、文書作成者の指印があれば印章による押印があるのと同等の意義を認めている我が国の慣行ないし法意識に照らすと、文書の完成を担保する機能においても欠けるところがないばかりでなく、必要以上に遺言の方式を厳格に解するときは、かえって遺言者の真意の実現を阻害するおそれがある」と判示している。

遺言書に押印を要するとされるのは、氏名と同じように、遺言者がだれであるかということを明確ならしめるためと、遺言が遺言者自らの真意に出たものであることを明らかならしめるためである。そうだとすれば、拇印によっても、自書とあいまって遺言者の同一性及び真意を確保することができるのだから、拇印による遺言を有効と解すべきであろう。最高裁判決は妥当である。これにまして前記大審院判例が、拇印のほうが捺印に比し、①指紋により遺言者の異同真偽を明瞭に鑑別できる点、②拇印を使用して文書の偽造・変造することが困難なるがゆえに確実性がある点、等において勝っていることを明快に説いているのは洵に興味深い。なお、これらの問題に類するものとして、日常生活において自署と併せて押印を要求されることが多いが、氏名を自書した上にさらに捺印まで要するとされるのは、厳格しすぎ、その理解に苦しむところである。

〔判例研究の栞（民法総合判例研究付録一三号）、一九八九（平成元）年、一粒社〕

7　子供の事故と親の責任

――隣近所の法律問題――

　昨年の六月頃だったか、親しくしている近所の歯医者さんから、野球をして遊んでいた子供にバットをあてられ大怪我をした患者からいろいろ相談をうけているが、法律的なことはよくわからないので、相談相手になって欲しいとの依頼があった。日頃の誼もあり心よく応ずることにした。そこで事故当時の状況を知ることが先決と思い、事故現場をみたうえで、ひとまず直接に怪我をさせた子供の両親と被害者に会うことにした。早速会って事情をきくと、加害者の近くに住む被害者A婦人が夫と、公営アパート団地のフェンスに囲まれた空地を歩いていたら、丁度その空地で数名の子供が野球をして遊んでいたが、バットを振っていた子供の手が滑りバットが飛び、不運にもその先がA婦人の口にあたり前歯が一〇本折れ、しかもその衝撃でムチ打ち症が併発したというのであった。野球をしていた子供はいずれも小学四年から六年生の児童であった。A婦人の傷はまだ痛々しく、そのせいか顔は青白く神経がいらだっているようにみえたし、子供の親は被害の重さとその申し訳なさにひどく打ちひしがれ、双方とも気の毒でならなかった。

わたくしは、加害者の親に対して、子供の法定監督義務者としての責任があるから、誠意をもって慰謝することがなにより大切である旨をいった。共同不法行為であり、加害者一人だけに責任を負わせるのを気の毒に思い、続けて、「狭い空地で野球をすれば、ガラスを割ったり、球を人にあてたり、なんらかの被害が生ずるかも知れないことは初めから全員にわかっていたはずであり、親も監督者としてこのような場所で危険な遊戯やスポーツをさせてはならない義務がある。しかも、野球は一人ではできず他の者と共同で行なうものだから、一緒にした他の子供たちにも責任があるので、その親たちも責任を免れない」ことを双方に説明し、右の線にそっての解決を提示した。皆わたくしの意見に同調してくれたが、子供の父親だけは、昔気質なのか、職人気質とでもいうのか、一刻者らしく、うちの子供のしたことだから全部責任を負いますといって、頑としてきかなかった。わたくしは、再考を促し、治療費はともかく慰謝料等については、友人の弁護士や実務家にきくなど調べてみることを約し別れた。

それから暫くたって、さきの子供の親が、こんどの事故についていては、団地のフェンス内に無断で立入った被害者が悪いのだから、だれもが責任を負う必要はないときいてきたがそうではないのかとやってきた。態度の急変に驚いたが、このような立場にたたされた者にあり勝ちな自己に有利なことのみを信じやすい心情を思い、腹だたしさをおさえ、だれがそんなことをいったのかと問い返したら、その時一緒に野球をしていた子供たちの親だというのである。一時、啞然としたが、おさえていた腹だたしさが無性にこみあげてきた。野球をして事故が生じても、それはフェンス内に入ってきた人が悪いというのである。これではまるで泥棒が、物が盗まれるのは戸閉りの悪いせいだと開き直るのと同じである。フェンスといっても、金網をはったおとなの腰の高さぐらいのもので、フェンスの外にいてもこのような事故が生ずる危険性は十分ある。このような云い草だから、野球を共にした子供もその親も、被害者を一度すら見舞にゆかなかったその薄情さがうなづける。わたくしは、再度、子供の過ち、子供に対する監督上の注意を怠ったことを丁重に詫び、誠意をもって慰謝することが、事故解決への近道であることをさとし、その親は返った。

後味が悪く嫌気がしてきたが、その後調べたりきいたりして約束した慰謝料額を、双方にあくまで参考までにということで知らせた。双方ともなにもいってこなかったが、昨年の暮頃、被害者がわたくしの留守宅にお蔭で解決したと礼にみえたそうである。慰謝料その他は直接加害した子の親ひとりが負担し、他の親はなにも負わなかったという話だった。

やりきれない事件であった。それにしても、わが子の過ちを省みず、血も涙もない、利己中心な無責任な親をもった子供は、どのような人間に育てられていくのであろうか。このままだと思い遣りも友情もない、自己の言動に無責任な人間に育てられていくような不安を感じ遣る瀬なかった。

児童は心身ともに健やかに育てられなければならない。自らも親としての自覚と責任を新たにせざるをえない。

〔ジュリスト五九三号、一九七五（昭和五〇）年〕

8　信託の多様化について

信託の起源ともいえるユース（use）の制度は、古くイギリス封建社会における土地法の領主の特権を回避するために考案された制度である。すなわち、領主が土地所有者に対して課した過重な封建的負担（feudal burdens）〈税金〉を免れるために領民によって考えられた制度である。その後、封建的土地法が廃止され、ユースからトラストの時代に入ると、信託は、家産制度（settlement）の発達に大いに貢献し、ことに家産の維持、妻子への財産分与などに役立ったといわれている。さらにイギリスにおいては、古くから法人の設立について特許理論（concession theory）を採っていたことから、特許がえられず、団体設立の自由を剝奪された法人格なき諸団体は、法人格の代用として信託を活用することによって、その法律関係を処理した。宗教の領域では、国家が許さなかった非国教徒の宗教団体は、信教の自由もなく、財産も享有することかできなかったが、信託を利用することによってこの欠陥をおぎなった。さらに、行政面においても、一八世紀から一九世紀初頭にかけて、照明工事、舗道工事、排水工事、道路開発などの事業のために、信託を利用し、財産を受益者団体にまかせることによって、地方自治の欠陥をおぎなったといわれている。商業面でも、ロイド海上保険協会、株式取引所などその他文化的、社会的諸方面において信託は広く活用された。

わが国における信託法理は、アメリカの信託業を継受して発展したものであるが、大正一一年法律六二号により信託法が制定されたことをみてもわかるように、その歴史は浅く理論は若い。信託法一条では、「信託の目的」についてなんら制限を加えていない。このことは、信託が多目的に活用され、発展していく無限の可能性を内蔵していることを示すものである。しかし、わが国では、信託法制定当時においては、専ら金銭信託が主なものであった。すなわち、信託財産（信託設定当時金銭）をもって受け入れ、信託終了時に金銭をもって引渡す形態の信託であって、しかもその信託財産たる金銭の運用については、委託者が特定することなく、信託業者があらかじめ信託約款に定めた一定の範囲の投資物へ運用を約定する、いわゆる指定金銭信託であった。これによって信託預金の名称が生まれた。

ところで、戦中戦後の社会的経済事情の急激なる変動は、貨幣価値の変化を生ぜしめ、信託業界は新しい型の信託を考案せざるをえなくなった。それによって生まれたのが貸付信託法であり、証券投資信託法である。また、最近における社会の複雑化、ニーズの多様化は、これらに対応しうる新しい形態の信託を要求するにいたった。それは土地信託、建物信託、従業員持株信託、年金信託、証券運用信託など多彩である。

他方、民法、商法、民事訴訟法など諸領域においては、信託法理が導入され、それによる法律構成が試みられている。たとえば、財団における信託の応用、不動産二重譲渡における信託法理の適用、譲渡担保の信託的構成、不当利得と信託法理、訴訟信託など多岐にわたる。親族法や相続法の領域においても活用されうる課題が多分にある。

多様化した社会的ニーズにこたえるためにも、新しい学問体系を創造していくためにも、改めて信託制度の多様性、信託法理の科学的有用性を認識し直し、その活用化に努力を傾けなければならない。歴史はその多様性を物語っているし、われわれはいまこの課題に直面している。イギリス人はいっている、「信託はどんな目的にも用いることができる。それは契約がどんな目的にも利用できるのと同じである」と。

会員諸氏によって信託という広大な沃野に鍬が打ち込まれ、そこに播かれた種がやがて開花、結実していく日の近いことを信じてやまない。

〔信託法研究三号、一九七九（昭和五四）年〕

9　公法協の二〇年を振り返り、その未来を思う

公益法人協会が、今年一〇月、発足して以来二〇年を迎えることはまことに慶賀に堪えない。この間、当協会は、民間公益活動進展のために大きな役割を果たしてきた。

従来より我が国における公益活動は、欧米諸国では民間が公益活動の主導的役割を担ってきたのに対し、「上から」の、いわば政府主導によるものであった。民間公益活動が低調で、活動主体が一貫して政府主導型の傾向を辿ってきた要因としては、①公益事業は国家事業の一環として国の果たすべき施策のように考えられていたこと、②民間の生活水準が低く財源が乏しかったこと、③欧米における宗教的伝統の違いから、社会連帯意識に根ざした相互扶動活動の基盤が脆弱であったこと、④公益活動への寄付金に対する税制上の優遇措置が十分でなかったこと、⑤縦割り行政の弊害がそのまま公益活動の場に持ち込まれたこと、すなわち、主務官庁が分配された権限に固執し、しかも許認可基準等も統一されていなかったので、多目的な公益法人の設立は敬遠され、公益法人の設立が単一目的を持ったものに限られたこと、などが指摘されている。

こうした背景の下において、なお、公益法人及び公益信託の仕組みによる民間公益活動が強く要請されていた時に、公法協が、民間公益活動進展のための旗手たるべく創立されたことは、まことに時宜を得たものであった。私は、この創立時に公法協の顧問を委嘱され、爾来二〇年にわたって公法協と歩みをともにしてきた。

この二〇年間を振り返ってみると、公法協の果たした役割は大きい。ちなみに、公法協が行ってきた主たる事業活動をみると、①公益法人に関する調査研究、②公益法人の育成と法人間の交流の促進、③公益法人に関する委託事業等である。私は、公益活動調査研究会に参加し、公益法人法制に関し、林修三氏（故人）、田中實氏とともにこれにあたってきた。その成果として、「現行法と公益法人の在り方との関係について」（昭五三年）、「社団法人制度について」（昭五四年）、「公益法人の存在意義と今後の問題」（昭五七年）、「公益に関する事業、組織、制度に関する調査研究」（昭六三年）等、多くの報告書を作成した。その他公法協における公益信託研究会にも参加した。

こうしたなかにあって、私にとって忘れ難いのは、公法協に設けられた「公益活動研究会」の一員として、昭和六一年に「公益法人及び公益信託に関する基本法要綱案」の作成とこれに基づく提言をなしたことである。「公益活動研究会」は、林修三、宮崎清文、田中實、森泉章の四名によって構成された。「公益活動研究会」が発足したのは確か昭和五九年だったと思う。これより少し遅れて昭和六〇年九月に総務庁が出した公益法人の指導監督に関する行政監察の結果に基づく勧告があった。その勧告の内容は、現存する公益法人のなかで、その事業目的の上で公益性に問題のあるものに対する処置として、一方では、民法三四条の規定の厳格な適用を図り、他方では、公益性の希薄な団体のために、中間法人的な制度を創設し、法人化の道を開くべきことなどで、「公益活動研究会」の構想と基本線ではほぼ一致していた。

右勧告と相前後したものの、「公益活動研究会」によって公益基本法が提言された背景には、当時次のような事情が存したからである。周知のように、民法は、私法人として、公益かつ非営利の団体には公益法人としての道を開く（三四条）反面、営利を目的とする団体は商法の規定によって営利法人となりうるとしたため、その中間にあって公益も営利も目的としない団体は「法人成り」をすることができない。このように非営利団体の法人への道が閉ざされていたため、中間的な団体は権利能力なき社団・財団として存在することを余儀なくされた。他方、行政庁は、権利能力なき社団・財団として社会に存在することを少なくする配慮からして、一時期に許認可基準を緩め、これら団体を公益法人として許可した。現在公益法人となっている同窓会、ゴルフ場、自動車教習所、会社の従業員のためにする共済会等がこれである。

このように現存する公益法人のなかには、公益性の希薄な団体がかなり存在しているし、また、事業型公益法人にもその事業活動の公益性について、客観的にみて疑問を抱かせるものがかなりある。こうした公益法人が、営利企業が行っているのと同じような手口で営利事業を行っているため、社会の糾弾を受け、他方、公益法人として税制上の優遇措置を受けているため、公益法人税制の強化の声となって、純粋な公益法人の活動に水をさすようなことになっている。

今後、公益法人が社会的信用を得て公益活動を行っていくためには、公益法人の純化への道を考えなければなるまい。そのためには、公益法人の整理・移行が必要である。既存の公益法人で、営利事業を行っているものは、営利会社へ改組させる措置が必要であるし、他方、構成員の福利厚生・生活の向上、構成員間の親睦、同業者間の技術の向上等を目的とするものは、非営利法人〈中間法人〉の制度を創設し、それへの移行を考える必要があろう。このような公益法人の公益性の確保・純化の問題に関連して、①公益性と許可基準の明確化・統一化、②公益法人に対する指導監督基準の明確化・統一化、③公益法人がなしうる収益事業の範囲などの問題が抜本的に検討されるべきであろう。

先の「公益活動研究会」は、これを受けて、「公益法人及び公益信託に関する基本法要綱案」とこれに基づく提言を公にし、世に問うたものである。この要綱案と提言は、公益法人の基本問題を解決するための具体的施策をまとめたものであるが、法制上、今後の公益法人の在り方をも示唆するものとして、なお生きているので、その大要を紹介しておきたい。

(1)　公益法人制度及び非営利法人（中間法人）制度の創設

㋑　公益法人は、公益活動を行うことを目的とし、かつ営利を目的としない社団又は財団とすること。

㋺　右㋑に関連して、現行民法を改正し、公益をも営利をも目的としないいわゆる「非営利法人」制度を創設すること。

(2)　「公益」及び公益法人の許認可基準の明確化

㋑　「公益活動」とは、福祉、学術及び芸術の振興その他不特定多数の者の利益のための活動をいうものとして、「公益」の定義を明確化すること。

㋺　公益法人の許認可基準を法律上明定すること。

㋩　学識経験者で構成する公正な第三者的審査機関を設け、主務大臣等の行う公益法人の許可の整合性の確保を図るものとすること。

(3)　公益法人に関する組織規定等の整備

㋑　理事の定数を三人以上にすること。

㋺　監事を必置制とし、その職務権限を明確化すること。

㋩　財団法人にあっては、評議員会を必置制とすること。

㋥　財団法人の寄附行為の変更及びこれに対する主務大臣の許可について規定すること。

㋭　公益法人の合併及びこれに対する主務大臣の許可について規定すること。

㋬　公益法人の収益事業の範囲について規定すること。

㋣　公益法人の財務会計に関する規定を整備すること。

㋠　公益法人の監督及び助成に関する規定を整備すること。

(4)　公益法人（公益信託）に対する税制上の優遇措置

新しい典型的な「公益法人」については、従来の法人税法、所得税法等の優遇措置とは切り離した税法上の優遇措置を講ずること。

右に掲げたような公益法人に関する法制上の制度改正は、今後における公益法人の活性化を導く原動力になるものと思う。公益法人に対する法による整備は急務である。

私は、最初に、我が国の公益活動は政府ないし官庁が指導的役割を果たし、民間のそれが低調であったことを指摘した。私は、ここで、政府ないし官庁による公益活動がいけないということを言おうとしているわけではない。民間公益活動を育成したいというのである。社会経済の多様化、複雑化につれ、公益性も多様化してくるので、公益活動に関する政府と民間との価値判断が違ってくる場合がある。この場合、政府も民間も独自の価値判断に基づいて独自の公益活動を行っていけばよい。そこには官も民もなく従属的な関係もない。公益活動を担う日本の公益法人は、政府に監督されるレベルから脱皮し、政府と同等の立場で独自の判断に基づいて公益活動をなしうるレベルに自らを育成していく必要があろう。こうした公益法人によって民間公益活動は推進されていかなければならない。もっとも、公益活動そのものに官も民もないのだから、公益活動にカネを使うのにも、官で使おうが民で使おうがかまわないことにもなる。そうだとすると、財布の大きい政府や大企業は、ときには民間公益活動を資金面で支援すべきような場合もあろう。その際、俗にいう「カネは出すけれど口を出さない」態度が必要である。同じことは、民間が官による公益活動を支援する場合にもいえよう。フィランソロピーはこうして生まれてくるのであろう。

公法協が満二〇年を迎えるにあたり、日本民間公益活動の旗手として、今後もその役割を果たされんことを願って筆を擱く。

〔公益法人二一巻一〇月号、一九九二（平成四）年〕

10　二一世紀への公法協に思う

公法協（公益法人協会）が創立以来、三〇年の長きにわたってわが国民間公益活動の担い手として活躍してきたことは、誠に喜ばしい限りである。私は、公法協の創立時に顧問を委嘱され、今日に至るまで公法協とともに歩んできた。

創立当時の民間公益活動はいまほど活発ではなかったが、社会経済の進展、多様化に伴い、公益活動の重要さが認識され、今日では、その範囲は福祉、環境保護、まちづくり、災害等広範にわたっている。近時、上の事情が反映して、公益法人の分野での立法行政等、これに伴う理論の進展も著しいものがある。立法として一九九八年の「特定非営利活動促進法」（NPO法）、二〇〇一年の「中間法人法」がこれである。前者は市民活動を行うボランティア団体について公益法人の道を、後者は業者団体、PTA、町内会、同窓会などに中間法人の道を開いたものである。

ところで、これに関連して公法協の歴史を顧みるとき、私にとって思い出深いのは、一九八五年に公法協の「公益活動研究会」がいくたびか議論を重ねた上で「公益法人及び公益信託に関する基本法要綱案」の作成とこれに基づく提言をなしたことである（公益法人一五巻七号〈一九八六年〉参照）。この提言の基本点は、公益法人に関する法制を純粋に公益を目的とする活動を行う団体を対象とするように再構築するところにあった。その具体的方策の主なものをいくつか挙げると次のとおりである。

一つは、公益法人制度の改正及び非営利法人（中間法人）の創設である。公益法人は、公益活動を行うことを目的とし、かつ営利を目的としない社団・財団にする。公益法人純化のために、公益も営利も目的としない中間法人を創設する。現存する公益法人で再構築された「公益法人」に吸収できないものは中間法人に移行させる方法を考えるべきこと等である。

二つは、公益及び公益法人の許可基準の明確化である。これに関連して、公益性の判断は、政府部内に学識経験者で構成する第三者的な独立の公益審査委員会を設け、これに委ねること、である。第三者審査機関の設置も重要な課題の一つである。

その他、理事の定数を三名以上にすること、監事を必置制とすべきなど、公益法人の組織に関する提言がなされた。

ところで、このたび制定のNPO法と中間法人法に残されている課題としては、この二法と「提言」を重ねてみると、次のようなことが要望されよう。①民法の公益法人と特別法によるNPO法人とは公益法人として共存することになった。そのため、設立手続きも一本化されるのが望ましい。また、財産管理など法律上すべての取扱も税制上の優遇措置も、両者間にアンバランスがあってはならない。②中間法人法は、現存の公益法人のうち、公益性の稀薄な公益法人について中間法人への移行を定めていない。公益法人の純化のために、この種の公益法人を中間法人として存続させる手続を講ずるべきであろう。

紙上によれば、政府は、公益法人制度を廃止した上でＮＰＯ法人や同窓会などの中間法人と統合して「非営利法人」を創設する。これに公益法人制度改革大綱を盛り込み、一九〇五年に民法など必要な法改正を目指す旨を報じている。

公法協が、民間公益活動の担い手として、こうした当面する問題に対処するためには、時世の動向を十分認識し、歴史の評価に堪えうるような識見を示すことが、さらに要望されるであろう。公法協の発展を祈念してやまない。

〔付記〕本文中「公益活動研究会」は、林修三（故人）宮崎清文、田中実（故人）森泉章の四名によって構成された。「提言」の草稿は、宮崎氏が作成された。

〔公益法人三一巻一〇号、二〇〇二（平成一四）年〕

11　信託法学会の設立に思う

澄みきった秋日和の一〇月二三日、目黒の白金迎賓館において、信託法学会が創立され、引き続き第一回信託法学会が開かれた。学界、実務界よりの参加会員が二五〇名を超え、その門出にふさわしく盛会のうち行われたことは、喜びに堪えない。学界の設立を祝い、学会への期待をもかねて、信託に関する若干の所感を述べてみたい。

一　周知のように、近代的信託はイギリスで発達した制度であり、イギリスの信託（trust）は、中世のユース（use）に起源を有するといわれている。わが国の信託法が英米法の継受によるものであることはいうまでもない。わが国において信託法および信託業法の二法が大正一一年に制定されて以来、すでに半世紀を経過した。この間、信託の理論および信託の業務に関する研究も、一歩一歩地味ではあったが、一応の成果を収めてきたといえる。

ところで、信託法による信託とは二つの意義を有する。一つは、「財産権ノ移転其他ノ処分ヲ為スコト」であり、他は、「他人ヲシテ一定ノ目的ニ従ッテ財産ノ管理又ハ処分ヲ為サシムル」ことである。前者は、財産権の移転を生ずるところの物権行為であり、後者は、財産の管理処分の債権債務を発生せしめる債権行為である。物権的性質と債権的性質とを併有しているといえる。かくして、信託とは、ある者が法律行為によって相手方に財産権を帰属させつつ、同時に、その財産を一定の目的に従って自己または第三者のために管理処分すべき拘束を加えるところに成立する法律関係であるということになる。

信託は、種々の見地から分類することができるが、とくに重要なのは、信託の目的による分類であって、これには私益信託と公益信託とがある。個人的利益を目的とする信託は、これを私益信託といい、祭祀・宗教・学術・慈善・技芸その他公益を目的とする信託を公益信託という。

二　公益信託は、信託法六六条以下に明文をもって規定されながらも、信託法制定以来、実際に設定された例は一件もなく、陽の目をみず、休眠した制度として今日にいたってる。わが国において公益事業を営む制度として財団法人が利用されている。財団は、公益目的のために寄附された財産を主体として公益事業を営むわけであるが、公益信託は、公益事業のために、信託者（甲）が一定の財産を受託者（乙）に信託譲渡し、受益者（丙）のために、財産を管理運営せしめる制度である。信託においては、受託者の個人財産とを区別するために、分別管理の原則や信託登記という対抗要件を設けるなどして、信託財産の独立性を保持している。財団との比較において公益信託の特色を簡単に述べると、(イ)財団は長期的ないし永続的活動を行うために法人形式をとるのに対し、信託は、短期的な公益事業のみならず長期的なものにも十分対応できる。(ロ)財団の場合には、実際に比較的巨額な基本財産の出損を要するが、公益信託の場合には、財産の出損が巨額であっても、また、少額の財産を多数から集め、管理運営できるという利点がある。(ハ)公益信託の設定にあたって、主務官庁の許可を受けなければならないのは、財団と同じであるが、法人形式をとらないため、寄附行為の作成を要しないなど、その設定手続が簡易である。(ニ)法人の理事は自然人にかぎられるが、信託においては、自然人のほか法人を受託者に選任することもでき、後者の場合には、大規模・長期の公益信託に適することになろう。(ホ)その他、受託者の事務執行の適正化が強くはかられていること、受益者保護が考慮されていること、設立許可の取消がないなど行政的監督が容易であることなどを特色としてあげえよう。かように、公益信託制度は公益活動にとって極めて有益な制度である。

三　ところで、母国英米においては公益信託が広く普及し、近時、法人方式の伸びが著しいとはいえ、なお信託方式が優位を保っているといわれている。わが国においては、前述のように信託法制定以来、設定された例が一件もないというのはどうしたことだろう。その不振の理由として推測しうるのは、信託制度自体がみられなかったことにもよろうが、一般的に他の諸国とくらべて公益活動というべき社会活動が低調であったこと、公益活動の担い手として公益法人制度があれば十分だと考えられていたこと、公益信託を監督するべき行政官庁の認識が不十分で、育成・助成の行政的措置がとられなかったこと、などに起因するのではないかということである。かくして、わが国では民事信託が育たず、信託は商事信託を中心に発展してきた。

われわれは、わが国においてなぜ公益信託が育成されなかったのか謙虚に反省するとともに、改めて公益信託が社会的に貢献しうる有益な制度であることを認識し、その実用化を推進すべきであろう。公益信託が理論面において社会的有用性や長所が証明されうるかぎり、実際面においてもわが国の素地にあった実用化を考えていくべきだからである。信託法学会がその担い手たらんことを切望してやまない。

四　わが国では信託は専ら商事信託の分野で発達してきたが、近時の著しい社会的経済的の進展とあいまって、実際の信託業務は、銀行業および保険業と並んで、金融業の重要な一翼を担うまでになった。右の事情のもとにおいて、信託法および信託業法に基づく法的構成ないし法的規制が、信託業務の実態と必ずしも十分に適合しない面も現れてくるようになった。他方、信託業務のありかた自体について、本来の一般的財産管理を基本とすべきであるとの批判的な声をきく。いずれにせよ、信託法理と信託二法とのそれぞれについて再検討をなすべき時期に至っているといえよう。担保付社債信託法ついても、信託二法との関係および内容を検討する必要性が指摘されている。

さらに、信託法上の信託にかぎらず、信託的思考ないし信託的構成を必要とする制度が、多くの法領域にわたって存在し、現に、民事法の分野においては、たとえば譲渡担保制度に信託法理の導入が提案されているし、権利能力なき社団（例、ＰＴＡ、同窓会、非法人労働組合、学会など）の法律構成についても、信託法理の応用が試みられている。注目すべき動向といわなくてはならない。

五　右のような実情にふまえて、学界、実務界より、信託の法理そのもの、さらに信託をめぐる諸問題を、綜合的にしかも共同の場で研究・討議できる機関の創設が強く求められていた。このたびの信託法学会の誕生は、まさに右の要請にこたえるものであった。

学界での研究報告会も、右の信託に対する現実的要請が反映してか、「公益信託について――財団法人との対比を中心に」（発表者・田中実、松本崇）、「担保附社債信託法・信託業との調整」（鴻常夫）、「アメリカの労働諸立法と信託」（海原文雄）について貴重な発表がなされ、それはいずれも、学界、実務界に有益な示唆を与えるものであった。その前途洋々たる感を深くした。

創立総会において、信託法の第一人者、四宮和夫博士が理事長に選任されたが、理事長を中心として信託法学会が今後堅実な歩みをつづけることを心から期待したい。それはわたくし一人のみの願望ではあるまい。

〔経営コンサルタント三三八号、一九七六（昭和五一）年、経営研究所〕

12　メイトランド「信託と法人」に思う

私は、若い学究との共同テーマ「イギリス信託法原理の歴史的研究」の一環として、碩学メイトランド（F. W. Maitland, 1850〜1906）の名論文「信託と法人」（Trust and Corporation）の翻訳を終え、今回これを公刊した。五年という長き歳月を要した。周知のように、この名論文は、メイトランドがギールケ（Gierke）から「イングランドの信託が理解できない」といわれたことに発憤し精魂を傾けて書いた晩年の力作である。「英国法の歴史」を書いたホールズワース（Holdsworth）は、これをエポック・メーキングな作品として讃辞を惜しまない。

翻訳を始めた当初は、論文の内容が高度にして多彩である他面、文体も法律術語も古く、さらに本文中にはラテン語、ロー・フレンチ、独文ありで、正直にいって難解を極めた。翻訳は原文の内容に忠実でなければならないのは当然であるが、また、原論文の学問的な品位を醸し出すことも必要である。ために大変苦労したことが思い出される。牛車の歩みのように翻訳を重ねているうちに、次第に、メイトランドが歴史的事実と社会的経験をふまえて説くイングランドの信託法原理の理論に、なんら硬直さがなく、その素晴らしさに感銘をうけるにいたった。メイトランドの学問に対する真摯な心、信託に対する情熱がひたひたと伝わってくるようで、心が打たれた。共訳した若き四人の学究も同じ思いであったろう。

メイトランドがこの名論文に傾けた情熱は、彼が友人に宛てた書簡にもみることができるのでその一部を記しておこう。「私は、信託の本質を、特にわれわれイングランド人は専門的にいえば法人とはいえない「団体」を、信託によって生きたものにすることができました、その方法をドイツ人に説明しようと論文を執筆し、これを完成すべく今夏務めてきました。私は、これをまだ完成しないまま、いまカナリヤ諸島に行かなければなりません。ことしの夏が特に天候不順で体調をくずしたためです。世界に対し誰かがわがイングランドの信託を詳細に説明しなければなりません。私は、人類が法律学の分野において成し遂げた最も偉大な業績は信託を創りあげたことだと考えるからです……」。

苦難ではあったが、いまはこうして翻訳をなしえたことに、心から光栄と思い、無上の喜びを感ずるものである。

古くても偉大な学者の素晴らしい学問や思想は、永遠に生き続けるものなのである。

メイトランドは、信託は一般的法制度であり、契約のもつ普遍性と弾力性を有しているといい、信託を欠くことは契約を欠くのとほぼ同じぐらいの欠点であるという。わが国においても、昨今、ようやく信託に目覚め、公益信託をはじめ、土地信託、建物信託、遺言信託、年金信託等多方面に活用化されている。信託が普遍性と弾力性に富むのなら、法体系の伝統を異にするとはいえ、わが国においても、適合しうる英国の優れた信託理論を導入し、移植し、信託の健全な発展をはからなければならない。それはまた、メイトランドの精神に通ずるものである。

〔金融法務事情一一八〇号、一九八八（昭和六三）年〕

13　下級審裁判例の研究について
――民法施行前の福島裁判所離婚裁判例について――

従来、判例研究の目的について、法律解釈の具体的内容を明らかにすることであるとか、あるいは、現実に裁判所に妥当している裁判規範を明らかにすること、さらに進めて将来の裁判を予見することであるとかいろいろ論じられてきた。したがって、ここでは判例研究の目的、任務、方法などについて再検討することを避け、下級審裁判例のもつ意義およびその研究について若干の所感を述べてみたい。

判例という言葉は、「裁判例」「判決例」とは違い、判決の先例であるといわれる。判例はそれ自体として先例的価値をもつものである。しかし、下級審の裁判例は、国家機関の判断としては最終的なものとして当然に予定されていない点で、当該事件の国家機関の最終判断といえる最高裁判例とは、先例的価値において大きな差異がある。また、下級裁判所の判断は、当該事件につき上級裁判所の判断によって拘束される。判例の拘束力からすれば、最高裁判所の判例は、同種の事件は同様に裁判されるべしという意味において、その他の裁判所の裁判を先例として拘束することになる。わたくしは、最高裁判例が先例として価値を有することや拘束力をもつことを否定するものではないが、実際に、最高裁判例のなかにも重要な先例的価値をもつものもあれば、全く重要性をもたないものがあることを知っている。また、判例集に登載された判例は概して重要的なものではあるが、これに登載されずあるいは雑誌に登載されたにすぎないものでも重要な判例がある。これは最高裁のみならず下級審についてもいえることである。

ところで、下級裁判所とくに一審裁判所は紛争の大部分を処理している。われわれは、下級審の裁判例をとおして、社会情勢の変化に伴いどのような法律問題が生じてきているか、それがどのように処理されているかを知ることができる。判例を社会的事実として「生きた法」の一つの素材としてみていこうというのである。それによって社会の諸現象を知りうるならば、たとえ先例的価値をもたない裁判例でも研究の対象となりえよう。その意味では下級審裁判例は、法が現実に生きて働く姿を直接に具現しているともいえる。そして研究の対象となりうる裁判例は、判例集に登載されたものと否とを問うものではない。

やや筋道からはずれるが、わたくしは、かつて福島大学に在職中、離婚法規範が近代法確立への準備過程においていかに形成されていったかを探究するために、当時の福島裁判所の判例を研究素材にしたことがあった。そのため明治九年福島裁判所設置より旧民法が立案、制定されつつあった明治二三年頃までの離婚裁判例を当裁判所判決原本より集録した。判決原本の古文書ふうに墨で書かれた文字の判読に苦しんだことをいまでも覚えている。いまその離婚裁判例を詳細に紹介する余裕はないが、その間の離婚件数は、婿養子たる夫離別訴訟七件、妻側からの夫離別訴訟五件、夫側からの妻離別訴訟四件、その他一件であった。婿養子たる夫離別訴訟七件のうち離縁をみとめた裁判例が三件、みとめなかったもの四件である。離縁の原因は、ほとんどが婿養子たる夫が遊惰、放蕩にして養家の財産を費消したというものであった。妻側からの離婚裁判例は五件のうち、妻の離婚請求をみとめたのは一件であって、あとの四件はみとめない。離婚原因は、妻に対する殴打・虐待・暴行を原因とするものが圧倒的に多い。しかし、裁判例は、殴打・暴行を理由とするものについて、たんに証拠なしとして離婚をみとめていない。夫の不品行・妻に対する殴打ならびに妻の衣類を無断質入をした事案について、「抑々婚姻ノ目的ハ夫婦互に相扶助シ終生歓苦ヲ共ニシ以テ一家ノ幸福ヲ増進スルニアレバ少許不良ノ所為アル如キハ互ニ相責メ以テ之ヲ矯正セザル可カラズ」といって、離婚原因にはならないとする。妻の離婚請求をみとめたのは「夫が窃盗再犯の処刑」をうけた場合の一件であった。夫から妻に対する裁判例は、すべて自儘・夫に対する不従順・怠惰・舅姑との不仲を離婚原因とするものである。各裁判例とも夫の離婚請求をみとめなかったが、四件のうち二件は、離婚の協議が整っているのに、財産分与について夫が拒んだため争われたものである。前出のその他一件というのは、妾から夫に対する離縁訴訟である。被告は妻が病弱であったため、娼妓であった原告甲女を妻に迎えるといって身受をし、被告方に引取り同居させた。原告は妻の送籍をしたが入籍されず、しかも、被告から奴婢のごとく過重な労働を強いられた。そこで、原告は夫婦の約束を履行しないとして離縁の訴を提起した事案である。裁判所は、「原告ハ常ニ荷車運搬ノ力役車ニ従事シ其困難堪ユル能ハズト申立レドモ世間一家ノ盛衰浮沈或ハ営業ノ奈何ニ因テハ妻妾タルヲ問ハズ夫ノ為メ身ニ適応スル業務ヲ取ルハ之レ人事ノ常教ニシテ」（福島始審裁判所明治一五年一一月）といって、原告の主張をみとめなかった。当時の妻妾の被抑圧的地位を物語るものとして興味深いものがあろう。

以上のように、明治前半期太政官布告時代の福島裁判所の裁判例は、当時妻の形式的な離婚請求権が法律上みとめられていたものの、総じて幕藩体制下の家父長的形態によって規定づけられた離婚慣習をそのまま踏襲していたようにおもわれる。近代法確立への準備過程において、政府は近代法制定化を叫んでも、実際の裁判は封建法制によった未成熟なものであったことをうかがい知ることができよう。

以上によっても知りうるように、下級審の裁判例が、先例的価値をもたないにしても、または裁判例集に登載されないものであっても、研究方法いかんによっては研究の対象とすることができる。小林三衛教授（茨城大学名誉教授）は、裁判の流れは社会の変動のあらわれであるとし、裁判をとおして社会の諸現象・諸矛盾を知りうるという立場から、「国有地入会権の研究」（東京大学出版会、昭四三年）を結実させた。この研究は、既成の判例研究の枠をこえるものとして、高く評価されるべきであろう。このような立場から下級審裁判例研究をとおして、法が現実に生きて働く姿を発見しより把握することができると思う。

※本文中の民法施行前の福島裁判所離婚裁判例については、森泉章・民法判例研究（文真堂、昭和六〇年）集録されている。

〔判例時報七三〇号、一九七四（昭和四九）年〕

14　熊本水俣病訴訟における包括請求について

史上最大の水汚染公害といわれる熊本水俣病の損害賠償請求訴訟は、国民注視のうちに三月二〇日熊本地裁で判決が言渡され、原告被害者側の勝訴となった。この訴訟は、富山のイタイイタイ病、新潟水俣病、四日市ぜんそく等の公害訴訟と違って因果関係は被告側も一応認める形をとっていたため、その重要な争点として関心をひいたのは、被告側の過失責任、見舞金契約の効力であったが、これに劣らず一様に注目したのは、賠償額がこれまでの公害訴訟の賠償額の壁を破るかどうかであった。原告側が各被害者の職業や収入にかかわりなく慰謝料一本にしぼって、死者・超重症者一八〇〇万円、重症者一七〇〇万円、中症者一六〇〇万円、患者家族三〇〇万円ないし六〇〇万円に統一し、一律に損害を請求したのに対し、裁判所は一部減額したものの基本的には請求どおりの賠償額を認容した。本判決における損害論に焦点をあて、これについての所感を当事者の主張や判決理由要旨に即して述べてみたいとおもう。

原告被害者らは、被告の工場排水中に含まれていたメチル水銀によって水俣湾およびその附近の魚介類が汚染され、それを長期にわたって摂食したことによって生じた中毒性中枢神経疾患の悲惨さを述べ、さらに人間的死に方さえ剝奪された惨状を指摘し、この損害は、被告の犯罪行為によって引きおこされた環境ぐるみの人間総体の破壊であるとする。原告らは、いわゆる逸失利益と狭義のいわゆる慰謝料を総合した意味での広義の慰謝料を請求しているのでもなければ、財産的損害を請求しないことを斟酌したうえでの慰謝料を請求しているのでもないことを明言し、原告ら「現実にうけている損害のすべてを総体として捉え」これを損害額として評価するよう要求する。これが従来用いられてきた「一括請求」の観念をさらに押しすすめた「包括請求」という考え方である。そして、原告らは、この損害論の構成を「チッソの犯罪性」「被害者の犠牲」「個別被害の実体」という三つの角度からとらえている。

この点に関して、被告は、原告らの精神的苦痛、損害は金銭をもってはかり難いものであることは認めえても、慰謝料の算定にあたっては、個々の患者の病状の程度、発病の時期、病状の推移、発病時の年齢、性別、収入の有無など具体的事情を斟酌すべきであって、一律請求は許されないと主張する。

本判決は、公害による損害賠償の特質として、加害者と被害者の地位の非交替制、被害者にとっての損害の不可避性、被害者が多数におよび社会的に深刻な影響を与えること、環境汚染の結果同一環境のもとに生活している者は共通の損害を蒙り一家の破滅ももたらしかねないこと、企業は生産活動による利潤を当然予定しているが被害者には直接の利益はないこと、などの諸点をあげ、これらの特質を考慮して損害の塡補をはかるべきだとする。もっとも、本判決では、これら特質が包括請求ないし一律請求に結びつく理論的連関はなんらふれられていない。ところで、本判決では前述した公害賠償の特質をふまえながら、さらにつぎの事情を斟酌しなければならないという。すなわち、原告らが慰謝料一本にしぼって請求したことについて、「逸失利益などの財産上の損害を慰謝料に含ませて請求する以上、裁判所は慰謝料を算定するにあたって、各患者の生死の別、各患者の症状とその経過、闘病期間の長短、境遇などのほかに、これら患者の年齢、職業、稼働可能年数、収入、生活状況などの諸般の事情をあわせて斟酌せざるを得ない」と言及している。右のような損害額の算定規準は新潟水俣病判決にもみられるところである。本判決の賠償方式も、逸失利益を中心とする伝統的な個別的計算方法に若干の連続性を配慮したものであるといえる。しかし、判決全体を通じてみると、原告の請求どおり一律の賠償額を認め、とくに生存患者の慰謝料を症状によるランク付けをせず一律一定額の賠償を認めたことは、賠償額の定型化、類型化の方向への実現化をはかったものといいえよう。とくに生存患者の症状によるランク付けをしなかったのは新潟水俣病判決を一歩押し進めたものといえる。従来の個別的計算方法を加味したのは、基本的には定型化・類型化の方式を認容しつつ、被害者の個別的事情に即した具体的妥当性の実現をはかるための手法であるともいえよう。形式的には従来の伝統的な慰謝料算定方法を加味しながら、実質的には定額化理論を認容した判決として評価しうるのである。定額化の理論、一律請求を公害賠償の特質との関連においてもう少し考察してみよう。

周知のように、人身損害の賠償は、財産的損害と精神的損害とに大別され、前者はさらに積極損害と消極損害（逸失利益）とに分けられ算定されるのが一般である。そして人身損害の賠償は主として逸失利益を中心に論じられてきた。しかし、近時の公害や交通事故による大量の人身事故の発生は、逸失利益中心の損害算定方法では被害者間に著しい賠償額の差をもたらし公平妥当な解決はえられないとされ、新たに人身事故における被害者救済のためにその損害の内容の定型化、賠償の定額化が提唱されるにいたった。西原道雄教授の強調されるところである。定額化の根拠としては、⑴人間の平等、個人の尊重の観念、⑵個別主義・実費主義の不正確性、不相当性、⑶予見可能性その他加害者からみた事情、⑷保険制度との関係、⑸立証の負担軽減、⑹救済の迅速性・確実性などがあげられているが、その最も根本は人間の生命・身体そのものの平等な尊重にある。この定型化定額化の理論は、最近の一連の公害訴訟で承認され、交通事故訴訟などの領域では部分的に採用されつつある。ちなみに、さきの新潟水俣病訴訟において原告側が逸失利益と慰謝料を一本化し、逸失利益を含めた意味での慰謝料のみを求め、しかもそれを定額化、類型化した形で請求したいわゆる一律請求もこの理論のあらわれである。本件訴訟における原告側のいわゆる包括請求も、一律請求とニューアンスの差はあれ、基本的にはこの理論を汲みとるものである。わたくしも、個人の尊厳と人間の平等の尊重を基底とする定額化理論に基本的に賛成であるし、公害の場合でも、後述のように若干の問題があるにせよ定型的処理は維持されなければならないとおもっている。

そこで、公害賠償の特質と賠償額の算定方法との結びつきについて考えてみたい。前述したように、本判決でも、新潟水俣病判決と同じく公害賠償の特質として、加害者と被害者の地位の非交替性、損害の不可避性等をあげ、その特質を的確にとらえているが、右特質がいかなる形で定額判決に結びつくのかその理論的連関が必らずしも明らかでない。原告らは、損害を「地域ぐるみの破壊に基づく人間破壊の総体」としてとらえ、これを損害額と評価することを要求し、これを包括請求とよんでいる。損害の多様性にもとづくものである。そして、賠償請求の対象となった損害は、入院費とか治療費とか喪失した収入というような個別的な損害ではなく、公害によって受けた生命・身体に対する損害そのものであり、人間的営みを破壊された被害そのものである。それは失った損害の塡補、精神的苦痛の回復ではなく、悲惨なまでに破壊しつくされた生命・身体への被害そのものを損害としてとらえているのである。そこでは被害者の苦しみに差はつけられず、請求額は受けた損害にくらべればささやかなものであるという。ここに原告らの主張する包括請求の根拠があるし、その特徴をみいだす。裁判所は、被害事実の総体に対する心証を形成したうえで、原告側の包括請求の主張を容れ、定額判決をなしたものだとすれば、そこには公害賠償における予防的・制裁的機能を充分に配慮したものがあるともいえる。他方、定型化・類型化方式を基本的に認容しつつ、個別的計算方法を加味した部分は、全体としての賠償額を算定する資料として用いたのではなく、前述したように被害者の個別的事情に即した具体的妥当性をうるために用いられたものであろう。

公害における損害賠償は公害の特質のうえで検討されなければならない。近時、交通事故賠償においても、入院費、治療費、付添費等の諸雑費と慰謝料については、基準額による定額化が定着しつつあるが、反面、逸失利益については別個の算定がなされている。また同じ交通事故でも、とりわけ航空機事故などによる損害賠償は、実際上定額補償でなされることが多いが、それは約款や条約による契約責任として処理されることが可能であることにもとづくし、さらに、航空機利用に伴うリスクを承知して被害者が利用することにもとづくものであるから、被害者が一定額以上の損害の塡補を欲するならば被害者みずから保険に加入し右の不利益を補うべきであるということによるものである。

公害の場合には、加害者・被害者の立場の互換性・交替性はない。したがって、交通事故におけるように保険によってみずからを守れということはできない。ここに公害賠償と交通事故賠償とを同じレベルで論じられない差異がある。ところで、公害の場合逸失利益をどのように算定するか問題である。一律請求にみられるように、逸失利益を慰謝料に含め定額化して算定することが妥当かどうかである。とくに被害者が零細な農民や漁民である場合のように比較的逸失利益の算定ないし立証が困難なときには、逸失利益がほぼ均分とみられるだけに、逸失利益を慰謝料に含めて一本化し一律請求しても具体的妥当性を期待できよう。しかし、被害者が農民・漁民以外のたとえば給料者・賃金労働者等である場合には、定額化の方式によると、ときには逸失利益中心の賠償額のほうが、定型化類型化の方式による賠償額より高額になることもある。つまり、一律請求では逸失利益の大きい被害者は定額化によって頭打ちの不利益をうけることになる。公害による損害が生命・身体に対する侵害そのものであることや、被害者の苦しみに差をつけるべきでないこともわからないではない。しかし、公害賠償といえ、それが究極的に金銭賠償によってしか解決できない現行法制度のもとでは、被害者の個別的事情に即した具体的妥当性の実現をもはかってやらなければならない。ここにおいては算定方法云々という理論の正しさよりも具体的妥当性に重きをおかなければならない。

公害賠償の場合にも定型的賠償方式を基本として賠償額を定め、逸失利益についての照明が可能でありその賠償額が定型化方式による賠償額を上廻る場合には、既判力に関して問題はあるが、改めて基準額を上廻る部分について賠償を求め、かつこれを認めうるような柔軟な弾力性ある法的措置がのぞまれる。

以上、熊本水俣病訴訟判決における包括請求の部分についてその「判決理由の要旨」を中心に簡単な所感を述べた、詳細な検討は後日に譲りたい。

〔付記〕私は、熊本水俣事件第一次訴訟判決については、別冊ジュリスト・公害・環境判決百選（昭和四九年）で評釈した。この評釈は、北京大学法学院博士課程・楊素娟さんにより翻訳された（北京大学・易継明編・私法第一輯第一巻三〇二頁以下）。

〔判例時報六九六号、一九七八（昭和四八）年〕

15　利息制限法と出資法、貸金業規制法四三条の関係
――超過利息無効論の再検討――

利息制限法は、消費者金融における金利制限の基本法である。

本稿では、「借主（消費者）は、経済的弱者である。弱者であるがゆえに保護されなければならない」という原点に立って、超過利息無効論を基軸に利息制限法と出資法、貸金業規制法四三条との関係を再検討したい。

一　(1)　出資法は利息制限法といかなる関係に立つか。

出資法は、刑事法規として刑罰金利二九・二％（一般に法定上限金利のごとくいわれている）を定めているが、これを超えない刑罰免責金利いわゆるグレイゾーンの利息は、超過利息として無効とされ、貸主は裁判所に訴求できないが、刑罰は科せられない。その結果、昭和三九年最高裁判例の前までは、債務者がグレイゾーンの利息を任意に支払えば有効な支払いとなり、債務者は無効を理由に返還請求できないとする考えも多かった。ここに超過利息の私法上の効力の特殊性がある。刑事法上のサンク

ションを受けないグレイゾーンの利息は、利息制限法一条と出資法とが不可分一体的になって構成されているといえよう。

(2)　同様のことは、グレイゾーンの利息と貸金業規正法四三条との関係についてもいえる。四三条によると、(ア)貸金業者が業として行う金銭消費貸借上の利息であること、(イ)債務者の超過利息（グレイゾーンの利息）の任意の支払、(ウ)法定の書面、受取証書の交付という三つの要件を満たしていると、グレイゾーンの利息の支払いは、「有効な利息の債務の弁済」とみなされる。事後的にグレイゾーンの利息の返済を有効な弁済とみなすことによって、超過利息の有効化を図ったものといえよう。法四三条が、法による脱法とでもいうべき悪法とそしられる所以である。なお、交付される契約書及び受取証書に違法な金利が記載されるのは適正な手続を害するのではないか、憲法違反の問題がある（後述）。

＊ここで超過利息無効論について触れておきたい。諸説があるが、私は、利息制限法が強行法規であることにかんがみて「法律上無効」と解したい。法が無効とする判断は、最も基本的な価値判断であるから、その判断どおり機能するように解すべきであると思っている。横田喜三郎裁判官が、超過利息元本充当事件において述べているように（昭三七・六・一三民集一六巻七号一三四〇頁）、「このような場合には、立法趣旨に照らして解釈することが法の解釈の基本原理である。利息制限法は、いわゆる社会立法に属するもので、その根本の立法趣旨は経済的弱者たる債務者を保護することにある」。

利息制限法は、利息の最高限を法定し、金融業者の不当な徴利を抑制することを目的とし、経済的弱者である借主を保護するところにある。

超過利息無効の趣旨もこれに従って解すべきであって、「法律上無効」と解するのが妥当である。「無効ナル行為ハ死産児ノ如シ、如何ナル名医ヲ以テモ活カスベカラズ」という譬えがあるように、無効という土俵の中でこれを有効なものと理論づけ解釈することは困難である。あえてこれを行なおうとすると、法四三条の問題にみるように、論理の整合性を欠き、利息制限法の精神に反することにもなる。

二　(1)　出資法は刑罰法規、利息制限法は私法法規であり、両者はその性質・目的を異にし、別個の効力を有するから、出資法は利息制限法に対し特別法ではなく、また、これに優先するものでもない。判例も、両者は、その規定の目的及び性格を異にすることから、特別法と一般法との関係に立っていないとし、出資法が利息制限法に優先して適用されることはないとしている（東京高判昭五二・六・三〇判時八七六号九四頁、最判昭三四・五・八民集一三巻五号五七一頁）。

同じ理由から「後法は前法を改廃する」原則も両者間には適用されない。一般法・特別法の対置は、本質的には同質の法規に基づくものであって、異質つまり規制のしかたの異なる法規間において問題とはならない。出資法は民法ないし利息制限法の特別法ではない。出資法は、その法規につき、私法の解釈に混入することも許されない。

貸金業者は、一定の要件のもとで、利息制限法の上限金利を超え出資法の上限金利（二九・二％―刑罰金利）までの間の利息（刑罰免責金利→グレイゾーンの利息）契約が締結された場合には、グレイゾーンの利息に関して、利息制限法、貸金業規制法が適用され、出資法は適用される余地がない。グレイゾーンの利息は超過利息として無効である。法定金利でも有効なる利息でもない。したがって、超過利息を支払う旨の公正証書を作成することができないし、超過利息を被担保債権とする抵当権設定行為も、設定登記も無効である。

(2)　先に述べたように、貸金業規制法四三条は違憲の疑いがある。

一つは、法四三条は、貸金業者の業務の適正を確保することによって借主の保護を図るという貸金業規制法の立法目的に背くものである。法四三条が借主ではなく貸金業者を保護する規定と解されうるからである。立法目的と法四三条（手段）との間に合理的関連性なしと評されるゆえんである（茆原洋子・ヤミ金対策立法の背景と概要（森泉章・新貸金業規制法「追録」一三頁））。法四三条が法による脱法ともいうべき悪法とそしられても仕方があるまい。

二つは、強行法規である法四三条に規定される契約書面および受取証書に違法な金利・利率が記載されるのは憲法三一条でいう「適正な手続」を害することである。憲法違反の問題が問われるのは当然である。憲法三一条の「適正な保障」とは、実質的に手続的適性と同時に内容的にも正当であるべきことを要するという理論を採ると、法四三条は違憲といわざるをえない。

近時、法四三条の基本的問題が本格的に論じられ、これに応じて、法四三条違憲論が急速に台頭し、学界はもとより実務にも浸透し、活発に論議されている状況である。この先駆的かつ本格的な業績として、茆原正道・四三条違憲論（消費者法ニュース・別冊〈平成一六年〉）がある。参考に価する良書である。

〔消費者法ニュース六一号、二〇〇四（平成一六）年一〇月〕

16　休眠法人と民法一部改正案

昨今、法務省が公益法人で全く事業活動を行っていない、いわゆる休眠法人の整理と公益法人に対する監督権強化などを図る民法一部改正案を今国会に提出する旨が報道された。それによると、正当な理由なくして三年以上全く事業をしていない法人の設立許可を取消すなど強い措置を打ち出している。

休眠法人とは、なんらかの事情により事業を休止しているが、解散等消滅の手続を行っていない法人、いいかえれば、事実上公益法人としての実体は消滅しているが、単に登記面や主務官庁の関係書類面においてのみ存在している公益法人をいう。休眠する主な原因としては、第一に時代の推移に伴う公益性の喪失があげられている。戦前に設立された産業報国会や軍旗奉賛会がこれである。第二に財産的基礎の喪失に伴う公益活動の事実上の実行不能である。とくに戦後の急激なインフレーションによる貨幣価値の下落は法人財産の減少、減失を招き休眠化の要因となった。第三に理事等の代表機関の不存在による活動の停止である。代表機関である理事の任期満了後や死亡後に、適任の後継者が選任されず年月を経過し、そのまま休眠してしまう場合である。

休眠法人がそのまま眠っているぶんには、別に社会的に害があるわけではないから、たいして問題とはなるまい。問題なのは、休眠法人の法人名義が悪用される危険があり、現にその弊害が発生していることである。休眠法人を買収したり、乗っ取ったりして理事に就任、公益法人の名に隠れて営利活動を行い、地方公益法人に認められている税制上の優遇措置を受けるなど、その社会的信用をフルに利用する悪質な者が横行している。たとえば、ネズミ講「天下一家の会」がそれであり、耳目に新しい。

休眠法人の悪用化は、公益法人全体の信用を失墜させることになる。そのため各方面からこれに対する法的規制が強く叫ばれた。現行民法七一条は監督権の一環として主務官庁に許可取消権を与えているが、本条の適用によって休眠法人を整理することは難しい。本条では設立許可を取消しうる場合として、法人が目的以外の事業をなしたとき、または設立許可をえた条件に違反し、その他公益を害すべき行為をなしたときを要件としているが、休眠法人は、まさに休眠状態であってなんら事業を行っていないのだから、目的以外の事業、公益を害すべき行為の条件は該当しないことになる。また、設立の許可をえたる条件とは、主務官庁より付された条件のことであるから、休眠法人が業務活動を行わず、財産がなく理事が存在しなくても、ここにいう設立の許可の条件に違反したとはいえない。いずれにせよ七一条の適用をみることは難しい。休眠法人が悪用されたのはこの法の盲点をぐったものである。この意味において、法務省案が七一条を改正し正当の理由のない三年以上の休眠法人に対して許可取消をなしうる旨を附加したことは、時宜をえたものといえよう。また、法案は、主務官庁の命令に従わない法人に対する許可取消を規定し、監督権の強化を図っている。「命令ニ従ハサル」という表現は、やや官僚的であり、監督権の強化が、逆に、民間公益法人を官僚統制下におき、民間公益活動の自主性を阻害する結果にならなければよいがと懸念している。

公益法人については右のほかに抜本的に解決されなければならない基本問題が残されている。近時、業者団体型公益法人、行政補完型公益法人が著しい増加の傾向を示している。前者はとくに公益性が稀薄である。その他親睦団体のごとき公益性の曖昧な団体の設立も目立つ。これら団体の「法人成り」を否定しようというのではない。公益法人として設立されるところに問題があるというのである。別途、法人化の道が検討されるべきであろう。

わたくしは、人間愛に根ざすもろもろの活動が公益活動であると思っている。ちなみに、外国では、公益法人が行う公益活動をフィランソロピー（Philanthropy――ギリシャ語で人間愛のこと）とよんでいる。

〔ジュリスト六六八号、一九七九（昭和五四）年〕

17　民法および民法施行法の一部改正について

昭和五四年一二月二〇日、法律第六八号により「民法及び民法施行法の一部を改正する法律」が公布された。改正の要点はつぎのとおりである。

まず第一に、民法一一条の「聾者、唖者、盲者」の文言が削除されたことである。従来同条の解釈として、単に「聾者、唖者、盲者」というだけで、これらの者を準禁治産者とすべきものではなく、その保護を必要とする特別の事情が存するときに限って準禁治産者とすべきであるというのが定説であった。それにもかかわらず、心神耗弱者や浪費者と並列的に規定されていたため、聾者、唖者、盲者イコール準禁治産者であるかのような誤解を招いた。その結果、これらの者が不動産取引や金融取引をする際、相手方が準禁治産宣告をうけた上で保佐人の同意書を添附するよう要求されるなど、社会生活上不利益をうけることが少なくなかった。精神面においても、身体の障害者は非常な挫折感と屈辱感を強いられてきたのである。身体に欠陥はあっても、心神に異常がなく自主的判断ができるかぎり、能力者と同じに扱うべきであろう。聾者、唖者、盲者を準禁治産となしうるとするのは、いたずらに差別と偏見を助長するだけである。

ついで、民法法人の制度が改正された。主要な改正点は、民法法人でない者の名称使用の制限、民法法人に対する監督権の強化、いわゆる休眠法人の整理についてである。民法法人でない者が民法法人の名称を用いて活動するのを放置すると、一般市民からみれば、「主務官庁の許可をえて設立され、しかも主務官庁の監督下にある」公益法人と誤認しやすく、これを信用して不測の損害をうけるおそれがある。たとえば、民法法人を装って寄附金を募り善意の人を欺くような弊害が生じうる。このような悪質な者を排除し、またその弊害を防ぐために、三四条ノ二が新設され、民法法人でない者がその名称中に当該法人であることを示す文字、またはこれと誤認されやすい文字を用いることを禁止するにいたったのである。同時に、罰則規定も新設され、本条に違反した者を一〇万円以下の過料に処することにした（八四条ノ二）。この規定が新設された背景には、ネズミ講「財団法人天下一家の会」の問題があったことを附記しておきたい。

他方、公益法人でありながら、公益事業とは裏腹に収益事業を営み、しかも収益金を役員に分配するなど公益法人としての社会的信用を傷つけるものが現れてきた。そこで、定款や寄附行為にかかげられた公益事業の積極化をはかり、法人の事業運営の適切化をはかるために監督権が強化された。すなわち、七一条の前段が改正され主務官庁の監督上必要な命令に従わないような場合に、主務官庁はその設立許可を取消すこと等によりこれを解散させることができるものとした。さらに改正法は、休眠法人の整理をはかった。休眠法人とは、公益性の喪失などなんらかの事情により事業を休止しているが、解散等消滅の手続を行っていない法人をいう。休眠法人が休眠しているぶんには、なんの弊害もないが、最近休眠法人の法人名義が悪用され、その弊害が生じている。さきの「天下一家の会」にみられるように、休眠法人を買収して理事に就任し、公益の名に隠れて営利活動を行い、他方税制上の優遇措置をうけるなど悪質な者がでてきたからである。この弊害を防ぐために、七一条の後段で、民法法人が正当な理由がないのに引き続き三年以上事業を行わないときは、主務官庁は、その設立許可を取消すことなどこれを解散させることができるとした。いずれも時宜をえた改正といえよう。

〔不動産法科セミナー、一九八〇（昭和五五）年四月号〕

〈著者紹介〉

森泉　章（もりいずみ・あきら）

1928年　長野県に生まれる。

1951年　東北大学法学部卒業。

現　在　関東学院大学法科大学院教授，青山学院大学名誉教授・法学博士。

〈主要著作〉

団体法の諸問題（一粒社），公益法人の研究（勁草書房），公益法人の現状と理論（勁草書房），判例利息制限法（一粒社），民法入門Ⅰ〈総則〉，民法入門Ⅱ〈物権法〉，民法入門Ⅲ〈担保物権法（武川幸嗣と共著）〉，民法入門Ⅳ〈債権総論〉，民法入門Ⅴ〈契約法総論〉，民法入門Ⅵ〈契約法各論〉（いずれも日本評論社），新・法人法入門（有斐閣），公益法人判例研究（有斐閣），公益法人の法務Q＆A（有斐閣），法学（有斐閣），民法講義4〈債権総論〉（共著・有斐閣），民法(3)〈債権総論・担保物権〉（共著・有斐閣），ほか多数。

〈翻訳書〉F・W・メイトランド著・信託と法人〈監訳〉（日本評論社），同・メイトランド・法人論〈監訳〉（日本評論社），同メイトランド・イングランド法史概説〈監訳〉（学陽書房）その他。

民法の散歩道

2005年（平成17年）12月20日　第1版第1刷発行

著　者　森　泉　章

発行者　今　井　貴
　　　　渡　辺　左　近

発行所　信山社出版株式会社

〒113-0033　東京都文京区本郷6-2-9-102

電　話　03（3818）1019

FAX　03（3818）0344

Printed in Japan.

印刷・製本／東洋印刷・和田製本

ISBN-4-7972-2445-2　C3332